WALTER LÜBECK

MANUAL
DEL
PÉNDULO

EDICIONES OBELISCO

Si este libro le ha interesado y desea que le mantengamos informado de nuestras
publicaciones, escríbanos indicándonos qué temas son de su interés (Astrología,
Autoayuda, Ciencias Ocultas, Artes Marciales, Naturismo, Espiritualidad,
Tradición...) y gustosamente le complaceremos.

Puede consultar nuestro catálogo en http://www.edicionesobelisco.com

Colección Feng Shui y Radiestesia
MANUAL DEL PÉNDULO
Walter Lübeck

1.ª edición: marzo de 1997
8.ª edición: noviembre de 2009

Título original: *Das Pendel Handbuch*

Traducción: *Franziska von Lippa*
Diseño de cubierta: *Enrique Iborra*
Ilustraciones: *Peter Ehrhardt y Roland Tiesch*

© 1992, Windpferd Verlagsgeslichaft mbH, Aitrang
(Reservados todos los derechos)
© 2005, Ediciones Obelisco, S. L.
(Reservados todos los derechos para la presente edición)

Edita: Ediciones Obelisco S. L.
Pere IV, 78 (Edif. Pedro IV) 3.ª planta 5.ª puerta
08005 Barcelona-España
Tel. 93 309 85 25 - Fax 93 309 85 23
Paracas 59 C1275AFA Buenos Aires - Argentina
Tel. (541 -14) 305 06 33 - Fax (541 -14) 304 78 20
E-mail: info@edicionesobelisco.com

Depósito Legal: B-45.959-2009
ISBN: 978-84-9777-254-9

Printed in Spain

Impreso en España en los talleres gráficos de Romanyá/Valls S.A.
Verdaguer, 1 – 08786 Capellades (Barcelona)

Prólogo

Desde hace muchos años mi péndulo y yo somos inseparables; y, como un amigo fiel, comparte mis descubrimientos del mundo espiritual con sus múltiples y variadas energías.

Como tantas otras personas, incluso como tal vez tú que estás leyendo estas líneas, me he preguntado en ciertas ocasiones cuál es el motivo por el que funciona muchas veces y otras no; o por qué hay gente que sabe usarlo mientras que con otros el péndulo pareciera quedar fijo. Ésta es la razón por la que un buen número de libros sobre el uso del péndulo han encontrado su camino de la librería a mi mesita de noche al tiempo que, durante largas horas de interesantes conversaciones con profesionales del péndulo y radiestesistas (gente que se ocupa de la teoría y la práctica del péndulo, el arte de los rabdomantes y dominios parecidos), he ido profundizando mi conocimiento sobre el tema, aunque sin aportarme reglas concluyentes respecto al cómo y el porqué de su arte.

Más tarde me inicié en el 2.º grado de Reiki y experimenté profundamente con las fantásticas posibilidades que ofrece este método del trabajo de gran valor energético. De este modo comprendí qué es lo que hace funcionar el péndulo, dónde están sus posibilidades y sus límites y cómo la gente, aunque al principio no consiga usar bien el péndulo, puede volver a practicar sin problemas la radiestesia. Al no haber de momento —que yo sepa— un libro que explique correctamente estas correlaciones para que el principiante las comprenda, he decidido escribir uno. El péndulo y el cómo y por qué funciona me parecen demasiado importantes para que sólo sea conocido por un pequeño círculo de «iniciados».

Si merced a las enseñanzas de este libro vas a adentrarte en el campo de las energías, es recomendable, según mi experiencia personal, practicar regularmente los ejercicios básicos para ampliar y revisar tus propias capacidades. Por lo tanto, no deberías dejar de leer los capítulos introductorios aunque fueras un experto del péndulo y de los datos básicos, porque en ellos encontrarás muchas indicaciones que podrán ayudarte y que podrías desconocer.

He integrado en este libro muchas tablas de péndulo que se han verificado con la práctica cotidiana y que contienen explicaciones, así como una bibliografía comentada para que puedas empezar inmediatamente tu entrenamiento. En el caso de que desees hacer y emplear tus propias tablas, hallarás un capítulo especial que te mostrará todos los elementos necesarios para concebirlas y utilizarlas correctamente.

Cuanto más trabajes con el péndulo, tanto más deberás conocer la teoría. Sin estos conocimientos fundamentales cualquier reflexión real y profunda es imposible. Personalmente, yo también tengo problemas en aprender datos teóricos. Si te ocurre lo mismo, busca la solución en el capítulo que trata sobre la teoría.

Tal vez encuentres allí explicaciones tan interesantes que te impulsen a continuar la lectura.

Una vez dicho esto, no es mi interés impedir ni retrasar tu labor. Lo único que deseo es que ésta te sea muy agradable.

WALTER LÜBECK

Capítulo 1

Conocimientos básicos para el uso del péndulo

Empecemos con la explicación de ciertos elementos básicos, y el primero puede ser:

¿Qué es un péndulo y cómo funciona?

En el campo de la radiestesia la definición de la utilización del péndulo es la siguiente: «se trata de percepciones sutiles y energéticas realizadas mediante un péndulo sujetado con la mano, es decir, un objeto flexible (hilo, cadena, etc.) en el extremo del cual se fija un objeto pesado (plomada, la punta de un clavo, cristal, etc.). Dicho de otro modo: si coges tu cadena del cuello aunque el colgante sea cristal de roca, y la tomas por un extremo y dejas colgar el cristal, tienes un péndulo».

El péndulo oscila porque tu cuerpo está dotado de sentidos hipersensibles capaces de recibir informaciones procedentes del *plano sutil*. Es él quien las canaliza hacia tu subconsciente para que, a su vez, las transmita a tu consciente a través de imperceptibles reacciones inconscientes de los músculos, evidenciadas en la forma en que realiza sus vibraciones. Así, el movimiento del péndulo en tus manos no es más que el aspecto visible de tu capacidad psíquica de captar vibraciones para transformarlas en reacciones musculares, con lo que cabría preguntarse si es forzosamente necesario el uso del péndulo.

Pero si quisiéramos prescindir de él sería necesario aceptar una multitud de procesos de toma de conciencia, una particular formación y un buen entrenamiento.

En este libro intentaré explicar con sencillez lo maravilloso que es el péndulo, ya que ha de ser un fiel acompañante en tus descubrimientos del mundo de las energías sutiles y un mejor consejero para ayudarte a resolver los problemas cotidianos.

¿Qué péndulo escoger?

Hoy día puedes conseguir cientos de modelos de péndulos en librerías esotéricas y en venta por correo. No te dejes impresionar por tal o cual colgante, ni por cristales especiales, recomendados a menudo como particularmente eficaces. No es oro todo lo que reluce, y tampoco es práctico lo más costoso y exclusivo. En mi larga «carrera» con el péndulo los he usado de todas las formas posibles e imaginables, de latón, oro o cristal. También he experimentado con diversos objetos fabricados artesanalmente, hechos con puntas de clavos, trozos de diversas maderas, tuercas, tornillos, piedras y cosas por el estilo. Todos funcionaban de modo idéntico siempre y cuando el cuerpo del péndulo tuviera una rotación simétrica y lo utilizara correctamente. En algunas situaciones, cuando he necesitado urgentemente alguna respuesta y desgraciadamente no llevaba ninguno encima, me he ayudado de estos «péndulos de emergencia» —como cepillos de ducha suspendidos de un lazo, llaves, cadenitas con colgante, clips de gran tamaño atados a hilos, etcétera—. Pero esto constituye sólo un ejemplo a fin de que no tengas prejuicios en cuanto al aspecto de ciertos objetos que bien puedes utilizar.

En definitiva, sólo bastan cinco criterios para definir un buen péndulo:

a) Una conexión flexible (hilo de seda o de algodón; mejor una fina cadena de metal, más resistente) de unos 20 cm de largo.[1]

b) Hay que fijar al elemento flexible un cuerpo de péndulo que tenga simetría de rotación. Este cuerpo de péndulo debe ser, en tanto se pueda, puntiagudo en la parte de abajo, para poder seguir con precisión las esferas o las tablas. Si se trata de trabajar en campos vibratorios (por ejemplo: Sí/No; Yin/Yang) también se pueden usar objetos que no tengan tanta simetría de rotación.

c) Hay que fijar la conexión con el péndulo por su parte más alta, pero en el centro del cuerpo, para que el péndulo pueda oscilar libre y regularmente.

d) El cuerpo del péndulo debería pesar entre unos 10 y 40 gramos. Cuanto más ligero, más rápido reacciona, pero entonces también es más inestable en sus vibraciones y a veces es difícil interpretarlas. Si es más

---

1. No existen normas precisas en cuanto a la longitud de este elemento. El criterio más válido es el de que te sientas a gusto con la longitud escogida del hilo.

pesado, su reacción es más lenta, pero entonces tiene la ventaja de que es más fácil y más exacto interpretar sus indicaciones. ¡Prueba varios pesos y elige el más agradable!

e) ¡Tienes que amar a tu péndulo! Eso quiere decir que deberías sentir un cierto placer al mirarlo y al usarlo.

Las cuatro primeras condiciones son puramente mecánicas y físicas, pero son importantes para que puedas usar tu péndulo con exactitud y seguridad. ¡Sin embargo, la última condición (e) es la más importante de todas! Porque el *niño que llevas dentro de ti* y que corresponde al plano de la personalidad que tiene acceso a las vibraciones de energía sutil —y que las traduce en movimientos rotatorios—, entonces será renuente a su uso. Así que al elegir tu «instrumento de trabajo» pon atención a las reacciones del *niño que permanece dentro de ti*, ya que ha de entusiasmarse tan pronto lo toques. De ahí se infiere la necesidad de sostenerlo en la mano y de ensayar con él antes de comprarlo, lo que te será imposible si lo compras en las ventas por correo.

Si te gusta el bricolaje también puedes construir tu péndulo según tus ideas especiales. Como conexión flexible usa una cadenita no muy gruesa, fijando en uno de sus extremos una anilla de llavero. Esa anilla debe ser lo bastante ancha para que puedas deslizarla sin problemas incluso en el dedo gordo. De esta manera te resultará fácil coger el péndulo de un modo seguro y cómodo. Esto es fundamental porque en el caso de las oscilaciones producidas por encima de campos energéticos poderosos, es común que al desarrollarse tanta dinámica el péndulo escape de tu mano si no está sólidamente asido.

En el otro extremo de la cadena engancha otra anilla más pequeña, que servirá de soporte al cuerpo del péndulo. En las tiendas especializadas encontrarás colgantes de cristal; puedes escoger una punta de cristal de roca utilizable como péndulo. Naturalmente, también puedes comprar varios cuerpos del péndulo para objetivos distintos, que siempre engancharás en la anilla. Si trabajas mucho con tablas o con esferas, por ejemplo, es conveniente tener un cuerpo de péndulo afilado para obtener resultados lo más exactos posible.

Si prefieres tener un objeto metálico como cuerpo pendular, bastará simplemente serrar la punta de un clavo grueso y hacerle un pequeño agujero para ensartarle la anilla.

Naturalmente, también puedes encargarle a un hojalatero que te fabrique un péndulo a tu gusto. Esto es un poco más caro, pero se corresponderá exactamente a tus deseos.

Lo más probable es que después de una temporada te ocurra como a casi todos los aficionados al péndulo que conozco, que aunque ames de modo particular el péndulo con el que trabajas, sientas un irresistible deseo de tener uno nuevo, más bonito si cabe, con lo que llegarás a poseer una impresionante colección de péndulos. ¡Ése es el instinto lúdico de tu *niño interior*!

Cómo sostener el péndulo

Es fácil: hay que tener el péndulo de manera que pueda oscilar libremente y que no se te escape de la mano cuando lo uses encima de un fuerte campo energético. Según mi experiencia es un mito que sea necesario sostener el péndulo de una manera especial para que cumpla correctamente su cometido.

Y desde luego, si alguien cree en ello, las reacciones no tardarán en manifestarse. Por lo tanto, no insistas en tal o cual posición de tu mano para que tengas más libertad de movimientos en el uso del péndulo.

Condiciones básicas para un uso eficaz del péndulo

Lo dicho hasta ahora es igualmente válido para las condiciones generales requeridas para usar el péndulo. No es necesario orientarse en una dirección precisa ni hacer ejercicios especiales preliminares, ni emplear únicamente mesas sin elementos metálicos como soporte de las tablas o esferas. Tu cuerpo y tu *niño interior* son flexibles; ¡también debes serlo tú sin complicarles la vida con ciertos dogmas! A pesar de todo siempre resulta más factible utilizar el péndulo cuando no tengas estrés ni estés cansado y cuando el tema de tu ejercicio no te afecte demasiado emocionalmente. Además, tienes que intentar liberarte, en la medida de lo posible, de ciertos prejuicios y respetar algunas reglas básicas que explicaré en detalle al final de este capítulo, en el momento de usarlo.

El péndulo y los tres niveles de la personalidad

Quisiera definir con más detalle el significado de los tres niveles esenciales de la personalidad y su importancia en cuanto al uso del péndulo. A estos tres niveles los llamo:

a) el *niño que llevas dentro de ti* (*niño interior*);

b) el *Yo mediano* y

c) el *Yo superior*.

Desgraciadamente, hoy día existe una gran confusión en cuanto a estos términos, por lo que intentaré poner un poco de orden en este caos. Una vez hayas entendido los cometidos de estos tres niveles comprenderás mejor qué es lo que funciona y lo que no al usar el péndulo.

El *niño que llevas dentro de ti* es el nivel que representa la parte de la personalidad humana situada en el mundo mágico-místico de las energías sutiles. Gracias a sentidos muy especiales, está en conexión directa con el «resto del mundo», es decir, con seres materializados e inmaterializados, con plantas, animales, minerales (¡porque muchos de éstos también a su manera están vivos, aunque la ciencia moderna los ignore!) y, desde luego, con otros hombres. Desde tiempos inmemoriales nuestro contexto cultural ha ignorado estos sentidos e incluso los ha reprimido sistemáticamente. Sólo hay que recordar la «caza de brujas» organizada por la Iglesia cristiana, que no ha cesado hasta el siglo pasado. Por eso es que hoy casi no tenemos palabras para expresar las emociones que nos transmiten estos sentidos. Casi nunca escuchamos este género de mensajes porque nos parecen «ilógicos» y no se corresponden con nuestro concepto «moderno» de la existencia. Cierto es, no obstante, que estos sentidos trabajan de manera ilógica, pues no funcionan de forma analítica sino sintética, dividiendo el mundo en pequeños elementos incoherentes pero dejándolo intacto en su totalidad. El *niño que llevamos dentro de nosotros* se siente muy a gusto en esta concepción del mundo que se corresponde exactamente con la suya.

Sólo nuestro intelecto, que está situado en otra parte de nuestra personalidad, en el *Yo mediano*, puede experimentar algunas dificultades. Siendo el elemento opuesto y al mismo tiempo complementario de nuestro *niño interior*, el yo intermediario se muestra resueltamente analítico. Veamos un ejemplo sencillo: Al *niño que llevas dentro de ti* le encanta comer un helado de vainilla con frambuesas cuando le apetece. Pero el intelecto, que domina al yo intermediario, nos impulsa a querer saber de qué ingredientes está compuesto el helado y si algún reconocido científico ha efectuado una investigación sobre las consecuencias para la salud de su consumo. De ser así, incluso el hombre dominado por el *Yo mediano* lo comerá aunque no le apetezca, sencillamente porque la ciencia ha probado que es bueno para la salud.

¿Te has encontrado alguna vez con estos comportamientos? Son perfectamente normales porque hoy día en los países llamados civilizados la mayoría de la gente está dominada en su modo de obrar por el *Yo mediano*, cosa que quizá sea un principio de explicación para las dificultades inherentes a una buena práctica de los ejercicios pendulares; contrariamente a lo que sucede con los pueblos primitivos que están más determinados por el *niño que llevamos dentro de nosotros*. Para desarrollar nuestros sentidos sutiles tenemos que aprender a aceptar, al menos de vez en cuando, el concepto del mundo y la manera de vivir del *niño que llevamos dentro de nosotros*, pues es esta parte de nuestro ser la que tiene acceso por medio de los sentidos a las energías sutiles, no así el *Yo mediano*, al cual normalmente conocemos bien y no nos cuesta aceptarlo. *El niño que llevamos dentro de nosotros* posee, pues, una intensa conexión sensual con los niveles sutiles esenciales que le permiten captar las sensaciones que, transformadas por los músculos, se traducen en los movimientos del péndulo, ya que es a través de sus sentidos que los músculos traducen las emociones en movimientos del péndulo.

El *niño interior*, a través de sus sentidos, percibe muchas impresiones del mundo sutil, pero no todas, pues como se afirma a menudo, el hombre es imperfecto. Cada ser humano tiene sus «puntos ciegos», distintos de uno a otro, de manera que si aceptamos nuestras imperfecciones, podemos complementarnos muy bien. Con los sentidos «normales» pasa exactamente lo mismo: uno percibe mejor que otro, por ejemplo, los colores. Puede distinguir matices que otro no puede captar. Algún otro puede que no vea muy bien pero posea un olfato tan sensible que sea capaz de «sentir» los diferentes componentes de un perfume. Dicho de otra manera: los sentidos nos hacen percibir los elementos a los cuales prestamos atención y suprimen casi aquéllos sobre los que rehusamos concentrarnos, y esto es muy fácil de comprobar. Es suficiente con pedir a distintas personas cuáles son sus impresiones después de una visita a una pinacoteca; cada una expresará algo distinto porque habrá aplicado su concentración según cuál sea su personalidad.

Queda un último aspecto importante por explicar. Aunque dos personas hayan visto la misma cosa, lo interpretarán siempre de diferente manera. Según prejuicios e intereses personales, angustias y deseos, ideales y conocimientos, madurez del carácter, experiencia, etcétera, cada ser humano tendrá una opinión distinta sobre una pieza teatral, un libro, etcétera. Es por eso que los críticos literarios siempre tienen distintas opiniones.

Es en el mundo de las energías sutiles que *el niño que llevamos dentro de nosotros* percibe gracias a sus sentidos tan receptivos, las percepciones son tan diversas como puedan serlo en el mundo tangible. Sólo que, por lo general, nos faltan palabras precisas para describir estos fenómenos y por ello tomamos una actitud escéptica frente a este género de percepciones.

De todo ello se extraen dos consecuencias esenciales para la manipulación del péndulo:

1) ¡No eres ni nunca serás infalible en el uso del péndulo![2]

2) Cuanto más tolerante, abierto y atento seas, cuanto más conozcas tus «puntos ciegos», es decir, los fenómenos de causalidad de los errores de juicio en tus manipulaciones con el péndulo, tanto más tu actuar será seguro y preciso.

---

2. Esta opinión está muy extendida entre los radiestesistas serios. Ningún profesional puede afirmar tener siempre razón. En realidad, los radiestesistas más dotados y experimentados pueden llegar a ser infalibles en un noventa por ciento, ¡con mucho entrenamiento!

No hay que olvidar el tercer nivel de la personalidad que aún no he mencionado: el *Yo superior*. Hoy día muchas personas pretenden tener una relación directa con el *Yo superior* y, por tanto, recibir informaciones siempre correctas. Esta pretensión me parece bastante atrevida. El *Yo superior* vigila que integres las experiencias en la vida que has elegido antes de esta actual encarnación, casi como en plan de estudios. En este programa no está indicado, desgraciadamente, en qué momento y por qué cauce harás esta experiencia. Esta libertad queda reservada a cada ser humano como una especie de regalo divino. No obstante, cada vez que intentes sustraerte, durante un cierto tiempo, a estos importantes procesos de aprendizaje, tu *Yo superior*, como por azar, te impondrá otros nuevos temas de inquietud. ¡A ti corresponde aprovechar esta suerte! Si, por el contrario, te empeñas en rehusarla, estos signos precursores devienen cada vez más serios, y pueden acarrear vicisitudes de toda especie. Tu *Yo superior* puede ayudarte a descubrir tus defectos e incluso darte algunas «buenas noticias».

Sin embargo, su cometido no consiste en sacarte de dificultades. Porque es precisamente él quien las ha creado para que espabiles y realices por tu cuenta ciertas experiencias destinadas a perfeccionar tu personalidad. Tu *Yo superior* tampoco está interesado en verte siempre contento y feliz, si bien, en la medida en que continúes aprendiendo lo mejor que puedas, no pondrá obstáculos a tu felicidad. Tampoco entra dentro de sus atribuciones decirte si para acceder a ella, necesitas esta u otra piedra preciosa; esto es más bien del dominio del *niño que llevamos dentro de nosotros*, con sus deseos y su

El proceso de asimilación de las percepciones sutiles por el niño interior

Percepciones sutiles

Niño Interior

Filtro
Comparación con los prejuicios,
angustias y recuerdos

Análisis de la pregunta
¿Está demasiado ocupado el *Yo mediano*
para percibir otra cosa?
Puede ser restablecida la aptitud vibratoria

Análisis de la pregunta
¿Hay alguna posibilidad de presentar al *Yo mediano* la
percepción sutil de manera comprensible?

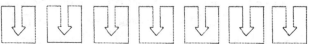

La información llega a nivel de la conciencia

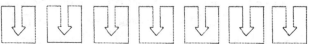

La mayoría de las percepciones están retenidas
por estos procesos

relación directa con el mundo material. El *Yo superior* en general juega un papel muy poco importante en cuanto a los ejercicios con el péndulo. Además, sólo el *niño interior* puede entrar en contacto con el *Yo superior* porque el *Yo mediano* privado de estructura integral es incapaz de comprender lo que el *Yo superior* quiere comunicarle. Se puede decir que el *niño interior* hace de intérprete, porque al *Yo mediano* le faltan los sentidos con orientación sutil para llegar al *Yo superior*. Todas las informaciones que recibe el *niño que llevamos dentro de nosotros* y que transmite al *Yo mediano* están determinados por las restricciones descritas más arriba, bien se trate de limitaciones en el momento de la recepción o durante la transmisión (véase la tabla de la página anterior).

En general, las personas no pueden entrar directamente en contacto con su *Yo superior* hasta que su *Yo mediano* y su *niño interior* no han evolucionado suficientemente. Entonces, muchas cosas pueden lograrse en la vida, por amor —que es la energía de la unidad— y no por la sed de poder ni por miedo, y de ser así ya no les hace falta el péndulo. Ocurre bastante a menudo, sin embargo, que el *niño interior* de cada uno busca complacer a su *Yo mediano* y le hace creer en un *Yo superior* —particularmente impresionante— considerando procurar toda clase de «sabidurías» que se correspondan lo máximo posible a nuestros prejuiciosos deseos, a nuestros tabúes y a nuestras pretensiones de poder, nacidas de nuestro *Yo mediano* a quien le encantan los elogios y los juicios agradables. Si no quieres caer en esta trampa, no insistas en entrar en contacto con tu *Yo superior*. ¡Sé pragmático en cuanto a esto! Trabaja intensamente en

Entrada
Posibilidad
de percepción/
sentidos

Salida
Posibilidad de
expresión y de
manipulación

Percepción directa de
todos los planos exis-
tenciales

Yo Superior
Plano de unidad relativo del
espacio y del tiempo.
Tareas: control del plan de
vida / consejos vitales en el
sentido integral /función de
maestro espiritual /sanador
interior en sentido integral

«Casualidades». orá-
culos determinados
por la casualidad.

Todos los sentidos
normales:
ver, entender, sentir,
gustar, la sensación
kinestésica.

Yo mediano
Plano de análisis /Los mun-
dos materiales.
Tareas: resolución de problemas en el «aquí y ahora».
Comprender y manipular el
mundo en el plano racional.
Toma de posición ante el futuro / comprender el pasado.
Realización constructiva de
las energías unidas a las sensaciones. Creación de esquemas
de pensamiento y de actua-
ción para afrontar mejor la
vida cotidiana.

Lengua. Manifesta-
ción consciente del
cuerpo, expresión
psíquica desarrollada
por esquemas de ac-
ción / de pensamien-
tos inconscientes.

Los sentidos llamados
sutiles y energéticos:
telepatía, clarividen-
cia, precognición,
retrocognición, pén-
dulo, percepción del
aura y otras muchas
maneras de percep-
ciones energéticas.

Niño interior
Nivel de síntesis /magia/ mís-
tica.
Tareas: captar la energía por
contacto con la Creación y
utilizarla para mejorar la vida.
Almacenamiento de recuer-
dos / aceptar las sensaciones
como complementos sintéti-
cos necesarios para la evolución del raciocinio analítico.
Sanador y maestro interior en
sentido mágico-chamánico.

Manipulaciones má-
gico-energéticas,
como la psicoquine-
sia, la simpatía mági-
ca, la transmisión de
energías psíquicas, la
levitación, la materia-
lización, etc. Expre-
sión psíquica de las
energías sensoriales.

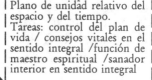

24

la armonización y la evolución de tu *Yo mediano* y el *niño que llevas dentro de ti*; el resto, vendrá por sí mismo. Un último consejo: los oráculos adivinatorios como el I Ching, el Tarot, las runas, etcétera, están influidos por tu *Yo superior*. Si haces preguntas precisas, obtendrás respuestas correctas. Te deseo que interpretes y entiendas las respuestas desde una buena perspectiva (véase más arriba). Este género de trabajo intentando profundizar en el conocimiento de uno mismo, es, a mi entender, un complemento necesario del péndulo.

Cómo cuidar tu péndulo

Un péndulo necesita un mínimo de cuidados para funcionar debidamente. Pero no te inquietes, esto no es nada complicado, y sólo hay que tener en cuenta tres reglas básicas:

1. Debes dejar correr regularmente agua fría sobre el péndulo para, de este modo, limpiarlo periódicamente desde el punto de vista energético. Eso es muy importante porque en el transcurso de su utilización puede cargarse de energía «extraña», corriendo el peligro de limitar sus capacidades pendulares.

2. No deberías prestar tu péndulo a nadie, sobre todo a alguien que no te sea simpático. El péndulo funciona mejor si está adaptado a tus vibraciones. De haberlo prestado a alguien, límpialo bien y después tenlo cinco minutos en tu HARA, un lugar que se encuentra a unos tres dedos debajo del ombligo en la línea mediana de tu cuerpo. Aquí está el centro de tu

energía personal, y gracias a este contacto el péndulo vuelve a quedar armonizado con tus vibraciones.

3. Conserva tu péndulo en un lugar energéticamente tranquilo, por ejemplo, al lado de un ficus benjamín.[3] También en tu sitio preferido de meditación, sobre una drusa de cristal de roca o bajo una pirámide correctamente construida y bien orientada.

Los principios básicos para que un péndulo sea eficaz

Lo más importante: ¡nunca te creas infalible! ¡Nunca uses el péndulo para responder a cuestiones de orden moral, por razones egoístas, o para conocer el futuro! El péndulo es un maravilloso instrumento para favorecer la toma de conciencia y para el desarrollo de los sentidos sutiles. ¡Pero no es un oráculo que tenga respuestas para todo!

¡Nunca uses el péndulo para averiguar algo sobre alguien que no te haya dado expresamente su permiso para ello!

¡Usa el péndulo siempre que tengas necesidad de hacerlo pero nunca si te inspira reserva o aversión!

¡Controla cuidadosamente cada resultado obtenido, primero con la tabla de errores y luego al compararlo con tu conocimiento y, naturalmente, con tu sentido común! Estos dos últimos elementos no son

---

3. El ficus benjamín es una planta que reacciona de un modo muy particular ante las energías inarmónicas.

infalibles, pero no obstante pueden ayudarte muchas veces a descubrir errores.

Dale las gracias de vez en cuando al *niño que llevas dentro de ti* por su colaboración y no le reproches si los resultados resultan incorrectos. Más bien intenta dialogar con él para descubrir las causas de estos malos consejos y para ayudarle (al tiempo que te ayudas tú) a expresar la verdad la próxima vez. Los métodos para llegar a conversar con el *niño interior* se describen en el siguiente capítulo.

¡Nunca uses el péndulo para hacer preguntas que te afecten emocionalmente, o sobre personas o temas que no te gusten!

¡No quieras apresurarte ni incluso por la necesidad de obtener éxito a cualquier precio! Utiliza un péndulo que te guste.

Cuando uses tu péndulo, hazlo con un sentimiento de profunda gratitud por este don maravilloso, e irradia amor para todo lo que te rodea.

La megalomanía, la angustia, la avidez, el estrés, la inarmonía y el agotamiento son factores que pueden reducir para siempre tus capacidades de radiestesista. La humildad, la gratitud, el amor, experiencias bien asimiladas, la tolerencia y una actitud natural influirán positivamente sobre tu péndulo y sobre el crecimiento espiritual de tu personalidad.

Capítulo 2

Los primeros pasos

Este capítulo está dedicado a tus primeros pasos en el descubrimiento práctico del péndulo. Los múltiples ejercicios propuestos deben, en principio, permitir darte una idea de aquellos asuntos por los que de inmediato puedes interesarte con tu péndulo sin mucho esfuerzo. Además, están destinados a sensibilizarte desde el principio a las eventuales dificultades que puedas encontrar. Es muy importante que conozcas bien tus «puntos ciegos» para usar el péndulo con seguridad. No es imprescindible que hagas todos los ejercicios, del primero al último. Simplemente, intenta hacer los que te plazcan. Al usar el péndulo no olvides que trabajas junto con el *niño que llevas dentro de ti* y a éste le gusta jugar y entonces es muy eficaz. Por lo tanto, son más importantes el juego y el divertimiento que la disciplina y la constancia. Puede parecerte extraño, pero te haces un gran favor si intentas aprender y realizar algo concreto de la manera más relajada y humana posible.

Antes de empezar con los ejercicios, por favor, lee bien las instrucciones y síguelas con exactitud. Para los diversos intentos dentro de un ejercicio siempre usa el péndulo con la misma mano, porque la mano derecha y la izquierda representan polaridades distintas de la energía corporal. Si cambias de mano durante el ejercicio, es muy posible que el péndulo cambie su sentido de rotación. Puedes, más adelante, acostumbrarte a estas inversiones, aunque para empezar te aconsejo ejercitarte en las condiciones más simples y seguras posibles para facilitar tu aprendizaje. Si llevas un reloj de cuarzo, por favor, quítatelo cuando uses el péndulo. Su campo electromagnético puede perturbar tu cuerpo hasta el punto de entorpecer la transposición de las percepciones sutiles en movimientos pendulares. Aunque no tan acusadamente puede ocurrir lo mismo si llevas pendientes en forma de aros, anillos, cadenitas o pulseras metálicas. Quítatelas también para los ejercicios. Luego, cuando ya tengas más experiencia con el péndulo, puedes probar si te molestan tus alhajas o si también puedes usar el péndulo con seguridad cuando las llevas. No olvides tener a mano papel y lápiz para el caso de que tengas que anotar algo.

Y ahora, ¡a trabajar!

Unos fáciles ejercicios para empezar

Ejercicio 1: Este ejercicio ha sido, de algún modo, concebido para tu «calentamiento». Procúrate un vaso de agua, una piedra preciosa, una alhaja, una taza de café, un comic, una novela, un libro espiritual que te interese mucho, y una manzana. Siéntate cómodamente en una silla y dispón en una mesa ante ti todos esos objetos, mantén el péndulo encima de cada uno de ellos y deja que oscile libremente. Observa sus distintas vibraciones.

El lenguaje personal de tu péndulo

Tu nombre	Fecha
Sí	
No	
Información imposible	
Simpatía	
Antipatía	
Yin	
Yang	
Positivo	
Negativo	
Neutral	
Fallo	

Ejercicio 2: En este ejercicio puedes averiguar por qué lenguaje piensa tu péndulo comunicarse contigo, es decir, cuál es la significación de tal o cual movimiento pendular. Para ello, establece con *el niño que llevas dentro de ti* un sistema simple de códigos vibratorios, por ejemplo, rotación hacia la derecha, rotación hacia la izquierda, una oscilación vertical, una oscilación horizontal, detención del péndulo, una oscilación diagonal hacia tu derecha o hacia la izquierda (considerando siempre como punto de referencia tu posición).

Ahora, cierra los ojos por unos momentos, relájate, escucha tu respiración y siente todo tu cuerpo. Después de estos instantes agradables de calma y relajación dirige tu atención a tu ojo interior y pronuncia en voz alta la siguiente frase: «Me gustaría entrar en contacto contigo, mi *niño interior*. Por favor, dame una señal de tu atención». Concentra a continuación toda tu atención en vistas de una particular percepción, que puede ser tal vez una imagen, o también una palabra, una frase, un olor o una sensación corporal. Si has logrado relajarte bien anteriormente, tu *niño interior* reaccionará a tu deseo de contactar con él. Sin embargo, es muy importante no despreciar ninguna señal, aunque sea débil y consideres que no tiene importancia. Al reconocer su respuesta en una señal concreta, dale las gracias por su disposición para escucharte y explícale que te gustaría aprender el uso del péndulo y que necesitas su ayuda para ello. Pídele que transforme sus percepciones en vibraciones del péndulo para que puedas comprenderlas, y prométele que sólo usarás el péndulo para bien de todos los humanos. Pídele que te dé una clara señal si por alguna razón no se siente capaz de ayudarte en tu aprendizaje del péndulo y prométele entonces que no insistirás en parecida circunstancia. Pídele que te comunique en situaciones adecuadas cualquier reserva que tenga para que podáis poneros de acuerdo. Pregúntale si ahora tiene alguna reserva contra la cooperación contigo. Fíjate atentamente en imágenes y/o palabras que puedan describir estas reservas e intenta comprenderlas. Toma los miedos y los deseos de tu *niño interior* en serio y hazle caso. Intenta conocer las razones de su eventual reserva y, si es necesario, encontrar compromisos que os parezcan bien a los dos, pero en ningún caso intentes burlarte de tu *niño interior*.

Si tienes muchas dificultades de comunicación con *el niño que llevas dentro de ti*, emplea técnicas adivinatorias como el I Ching o el Tarot. Si ya nada obstaculiza vuestro entendimiento, descríbele a tu *niño interior* todos los movimientos del péndulo descritos antes y pídele que te indique en el siguiente ejercicio el significado de cada movimiento. Toma el péndulo en tu mano y pídele en voz alta: «¡Por favor, muéstrame qué oscilación quiere decir "sí"!» Espera hasta que se produzca una oscilación evidente y apúntala en la lista anterior.

Luego pregunta por el resto de las oscilaciones: «No», «¡Información imposible!», simpatía, antipatía, Yin, Yang, positivo, negativo, neutral y fallo. Es evidente que el mismo movimiento puede tener varios significados pero es fácil coordinar las respuestas para cada tema según tus preguntas. Es posible que las coordinaciones cambien de vez en cuando. Por eso, con algunas semanas de intervalo, controla las correspondencias establecidas y anota las eventuales variaciones. Como ya he dicho, a los niños les encanta jugar y cambiar las reglas del juego. Si entras en el juego evitarás una cierta monotonía y tu péndulo funcionará de maravilla. Aprende bien las correspondencias, lo que te ayudará a trabajar siempre rápida y seguramente.

Ejercicio 3: Se trata de un método fácil para averiguar si necesitas una energía determinada y en qué proporción. Prepara varias piedras preciosas distintas (por ejemplo, un cristal de roca, un cuarzo rosa, una amatista, un ágata, un citrino, una piedra lunar). Siéntate en una silla delante de una mesa y dispón una de las piedras en la mesa, a unos 20 cm de tu mano sosteniendo el péndulo. Cierra un momento los ojos y relájate escuchando tu respiración. Visualiza una cruz de brazos iguales y di en voz alta: «Me abro sin restricciones a todas las percepciones y pido respuesta a mis preguntas a condición de que esto ocurra en un plano cósmico». Abre los ojos y coloca el péndulo entre la piedra y tú. Observa si hace oscilaciones de simpatía, de antipatía o de neutralidad. Si no hay oscilaciones de simpatía, coge otra piedra y vuelve a intentarlo hasta que el péndulo marque oscilaciones de simpatía. Necesitas la energía de esta piedra. Deja el péndulo y coge la piedra en tus manos. Cierra los ojos y siente su presencia. Siente el interior de tu cuerpo y calcula cuánta energía de esta piedra puede beneficiarte. Si tienes la sensación de haber recibido suficiente energía, repite el ejercicio descrito antes. Si vuelve a haber oscilaciones de simpatía, coge otra vez la piedra entre tus manos para captar sus vibraciones a través de las zonas reflejas de tus manos. Si te parece suficiente, vuelve a controlar con el péndulo. Si tienes la sensación de tener alguna preferencia o de ponerte tenso, repite el ejercicio relajante descrito más arriba: imagínate la cruz y di la frase correspondiente para reencontrar una actitud mental neutra. Si has recibido suficientemente energía de una piedra, dale las gracias por su regalo y prueba el mismo ejercicio con otras piedras. Después de recibir la energía de tres o cuatro piedras haz una pausa para asimilarla bien. Si trabajas con una piedra grande, bastará su energía, pues un contacto tan intenso mueve muchos elementos a la vez, y tanto tu cuerpo como tu mente necesitan un cierto tiempo para asimilar toda la energía recibida. Sin embargo, en este caso también el péndulo puede darte una respuesta: pregúntale, por ejemplo, en plena actividad, si es preferible continuar o tomarte un descanso. Debes formular la pregunta de modo claro y preciso: «¿Debo seguir trabajando con estas piedras?» Reacciona inmediatamente a su consejo ya que, de no ser así, el *niño que llevas dentro de ti* pensará que no tienes necesidad de consejo e interrumpirá su colaboración contigo.

Ejercicio 4: En mi opinión, las plantas son buenas compañeras. Sin embargo, las hay que se mueren aunque las cuides mucho. En estos casos muchas veces te puede ayudar el péndulo.

Experimento a): Si tienes varias plantas de interior, unas al lado de las otras, pon el péndulo entre dos de ellas y observa si hay oscilaciones de simpatía o antipatía. En este segundo caso será mejor que separes estas dos plantas y las juntes con otras que se manifiesten más simpatía. Así crecerán mejor y resistirán bien a las enfermedades.

Experimento b): También puede ser que la energía geobiológica debilite a una planta. Con el péndulo es fácil averiguar si tal es el caso. Mantenlo encima de la planta y deja que oscile. Si hay una oscilación positiva, no te preocupes. Si el movimiento indica negativo, se impone colocar la planta en otro sitio. No obstante, a lo largo de este ejercicio pueden presentarse otros dos fenómenos: si tu péndulo indica un movimiento positivo particularmente fuerte,[4] también deberías ubicar la planta en otro sitio porque demasiada energía benefactora puede también ser nociva. En este caso, lo más probable es que la planta se autodestruiría por un crecimiento demasiado rápido. Si, por el contrario, se trata de una planta con poca energía vital le puede ser beneficioso colocarla una temporada en una zona rica en fuertes vibraciones energéticas para recargarla. Naturalmente, el péndulo indicará también los emplazamientos donde la energía esté totalmente equilibrada, es decir, no siendo positiva ni negativa. Esta calidad de energía geobiológica es muy rara y es necesario saber cómo aprovecharse de ella. No es absolutamente necesario que las plantas estén siempre en sitios como éstos, aunque por algunos días e incluso semanas no creen problemas; no resulta conveniente tenerlas allí permanentemente a causa de que dicha energía no sería demasiado estimulante para ellas. Por el contrario,

---

4. En el ejercicio 2 se te ha pedido fijar la atención con tu niño interior en el movimiento que indique una energía positiva. La fuerza de esta energía se mide gracias a la amplitud y la rapidez del movimiento del péndulo.

allí podrán descansar si están agotadas de crecer de un modo rápido en un sitio muy positivo o si han estado enfermas y necesitan buen trato. Incluso para ti un sitio de energía neutral se convierte en el espacio ideal tanto para la meditación como para los ejercicios de relajamiento o los movimientos energizantes.

Ejercicio 5: Ahora empieza a ser geométrico. Coge una hoja de papel y dibuja líneas, triángulos, cuadrados, polígonos, círculos, elipses, cruces y la cifra ocho horizontal (una lemniscata). Mantén el péndulo sobre la hoja y pídele a tu *niño interior* que te muestre la corriente energética de cada símbolo y observa cómo oscila tu péndulo encima de cada uno. De esta manera puedes entender las corrientes energéticas que intervienen en la obra. Cada símbolo tiene una determinada vibración. Esto lo sabían los constructores de catedrales, así como los creadores de megalitos, esos famosos monumentos ciclópeos de piedra de la remota antigüedad que todavía hoy se encuentran por todo el mundo. Puedes intentar una interesante aplicación de la energía de estos símbolos en un caso práctico: en la picadura de un mosquito. Dibuja, con un lápiz de ojos, por ejemplo, la cifra ocho horizontal sobre la picadura. El punto central del símbolo debe estar exactamente encima de la picadura y los dos círculos del ocho deberían tener el mismo tamaño. En la mayoría de los casos la inflamación así tratada se cura en muy poco tiempo sin provocar las irritaciones habituales.

Ejercicio 6: Este ejercicio te permitirá comprobar la calidad de las bebidas y los alimentos a fin de saber si te convienen. Sostén el péndulo sucesivamente encima de una pastilla de chocolate, de un vaso con limonada, de una manzana fresca, de un panecillo de harina blanca, de una rebanada de pan integral, de un pepino fresco, de un vaso de agua del grifo y de un vaso de agua mineral (vertida de una botella de vidrio, nunca de plástico). Pídele a tu *niño interior* que te indique la fuerza de la energía vital de cada muestra por medio de la fuerza de las oscilaciones del péndulo. De este modo puedes controlar cada alimento y saber aquellos que te aportan un buen valor nutritivo y cuáles no. Además, luego puedes mantener el péndulo entre cada alimento y tu propia persona para comprobar si este alimento te da fuerza (vibración de simpatía) o te debilita (vibración de antipatía). Con un poco de práctica puedes convertirte en tu mejor «especialista en dietética». La próxima vez que cocines, antes de hacerlo prueba con el péndulo la energía vital que tiene cada alimento y luego la que tiene la comida hecha. Entonces entenderás por qué a menudo te sientes cansado después de haber comido alimentos cocidos o hervidos demasiado tiempo.

Y un último ejercicio con la comida: determina con el péndulo la energía vital de la comida ya hecha, y luego di en voz alta: «¡Padre Nuestro que estás en los cielos, bendice esta comida!» y vuelve a medir su fuerza energética. Lo más probable es que te lleves una gran sorpresa.

Ejercicio 7: El péndulo también puede ayudarte en tus lecturas. Obviamente, puedes también leer sin péndulo, pero podrías intentarlo con el ejercicio siguiente:

Piensa una pregunta relacionada con un problema personal y anótala en un papel. Ahora coge el péndulo y muévelo ante cada estantería de libros que poseas, preguntando en voz alta: «¿Hay en este estante un libro que contiene la respuesta a mi pregunta?» Continúa con este movimiento hasta que el péndulo te transmita un «sí». Ahora toca el lomo de un libro con el dedo índice de la mano izquierda y pregunta: «¿En este libro encontraré la respuesta a mi pregunta?» Si la respuesta del péndulo es «no», pasa revista a los siguientes libros hasta conseguir el «sí». Una vez seleccionado, coge el libro de la estantería, ábrelo por la página que contenga el índice de materias y pon el dedo índice sobre los diferentes capítulos, haciendo siempre la misma pregunta. Una vez que hayas encontrado el capítulo indicado, vuelve las páginas de una en una manteniendo el péndulo suspendido sobre éstas, hasta que te indique el «sí». ¡Lee la página y te prometo que quedarás sorprendido!

Dificultades de los principiantes

Hay dos dificultades que pueden presentarse y que requieren cuidado en el uso del péndulo. En primer lugar, puede ocurrir (aunque pocas veces) que el péndulo no se mueva, que parezca no querer saber nada de sus fabulosas posibilidades. O bien, puede ser que a menudo te dé respuestas incorrectas a tus preguntas, aunque hayas seguido exactamente las instrucciones. Ambos problemas se pueden solucionar y para ello hallarás los consejos necesarios al final de este capítulo. Un péndulo siempre funciona porque cada ser humano, y en consecuencia tú mismo, posee desde su nacimiento los sentidos y las capacidades necesarios para utilizarlo, lo hagas o no. Sin embargo, el éxito se hace esperar. A veces hace falta un poco de paciencia y de trabajo sobre tu propia persona para que tus capacidades funcionen mejor a su servicio. ¡Pero vale la pena!

Cuando el péndulo no se mueve

Primero revisa tu actitud espiritual en relación al péndulo. Pregúntate por qué quieres aprender a usarlo. Si la razón es sobre todo para hacerte rico, poderoso y reconocido, tu *niño interior* a la larga no querrá participar en tu juego.

En el caso dado deberás ser consciente de las angustias que se esconden detrás de tales pretensiones e intenta resolverlas. Si esta ansiedad está profundamente enraizada en ti te aconsejo consultar con un terapeuta de confianza. En general, la ansiedad desaparece más fácilmente si se intenta entre dos.

A veces también puede inmovilizar tu péndulo la pretensión de alumbrar una fuente infalible de información. Tu *niño interior* siente con razón que se le exige demasiado y por ello se niega a cooperar. Pero si estás dispuesto a aceptar que cada ser humano, a lo largo de su vida, comete errores, lo que nos hace precisamente dignos de ser apreciados, pronto se liberará el bloqueo de tus capacidades con el péndulo. Otros obstáculos pueden ser el estrés, el agotamiento o la tensión. En estos casos te puede ayudar el entrenamiento autógeno, el relajamiento progresivo, ejercicios de respiración o Reiki. La relajación del cuerpo y del espíritu son esenciales para activar los sentidos sutiles.

Otros consejos suplementarios pueden complementar esta ayuda: reserva el uso del péndulo para temas que te fascinen, que atraigan tu curiosidad y que desarrollen en ti un creciente interés interior. Crea una relación amistosa con tu *niño interior* consagrando regularmente un tiempo a actividades que te procuren placer. Para activar el movimiento pendular y para aumentar oscilaciones débiles puedes servirte de un anillo de cobre abierto que deberás ponerte en el dedo meñique de la mano izquierda. A veces, sin embargo, ayuda más cuando se pone en la mano derecha. ¡Haz una prueba! Para despertar y reforzar las capacidades del péndulo es aconsejable dar masajes suaves a ambos dedos meñiques. Los ejercicios para mejor armonizar el segundo, cuarto y quinto chakra, así como ser consciente de ciertos períodos de tu vida que dependen de dichos centros energéticos, pueden curar casos aparentemente «desesperados», despertando así capacidades pendulares espectaculares.

Cómo corregir las informaciones erróneas de tu péndulo

La primera medida será controlar tu motivación real para querer utilizar un péndulo. Después, pregúntate si los temas trabajados te impresionan emocionalmente, o sea, si despiertan angustias, avidez, aversión en ti. Si éste es el caso, espera hasta que puedas tratar el asunto con más calma, o pide a un colega desinteresado que lo trabaje por ti.

Los temas que no deberías trabajar con el péndulo en ningún caso son los números de la lotería, los cambios al alza o a la baja en las acciones, posibilidades en juegos de azar, entrar en contacto con fallecidos, o con entidades del «más allá» (canalizaciones), una obsesión, información sobre personas que no te lo han pedido expresamente, datos sobre la vida y la muerte, sobre vidas anteriores, cargas kármicas, objetivos existenciales al igual que valoraciones morales de cualquier tipo. ¡Todos estos temas no se prestan a ser tratados con el péndulo! Conozco a mucha gente que se ha cerrado definitivamente todo acceso a las energías sutiles por causa de tales pretensiones.

Por el contrario, haz lo preciso para ganar la confianza de tu *niño interior* y tómalo muy en serio. Respeta sus objeciones y sé justo con él. No uses el péndulo con obstinación, sino, sobre todo, con un real placer. Que tu intuición y tu reflexión estén al servicio del amor de la Creación, respetando un justo equilibrio, sin perderte, no obstante, en un exceso de altruismo. De ser así automáticamente vas a desarrollar tus sentidos sutiles aportando a otros y a ti mismo una inmensa alegría.

Abriendo tus sentidos sutiles

En el transcurso de mis trabajos relativos a los sentidos sutiles he descubierto una especie de remedio para que cada uno pueda llegar a una percepción más sutil en el campo energético. Se trata de mejorar los estados inarmónicos persistentes, como la aversión, los pensamientos competitivos, la envidia, la venganza, la angustia, el odio, la discriminación, la acidez, la adversidad, la cólera, la arrogancia, la sed de poder, la frustración, la incapacidad de dar, la desconfianza, el rechazo a tu cuerpo, las manías y la mezquindad. Cada uno de nosotros a lo largo de su vida colecciona diversas energías y conserva un número variable, casi hace una forma de culto de ellas. Si puedes aceptar estas energías como parte integrante de ti y si aprendes a aceptarlas, llegarás a integrarlas y armonizarlas. Las sombras se disiparán progresivamente y se convertirán en una luz brillante. Entonces reencontrarás una parte de tu integridad.

Así te habrás decidido una vez más por el camino del amor y la unidad huyendo del estancamiento de la separación. Al mismo tiempo, esta aceptación consciente de la unidad de toda vida humana despertará tus sentidos y te permitirá concebir las energías de la unidad en tu entorno, permitiéndote profundizar y ampliar tus capacidades en el uso del péndulo.

Capítulo 3

Trabajar con esferas
y tablas de péndulo

Para el uso cotidiano del péndulo es muy práctico tener siempre a tu alcance una abundante colección de tablas de péndulo ya hechas. Ahora bien, hay varias cosas que deberías tener en cuenta cuando utilices estas tablas. Primero, asegúrate de que las tablas que vas a usar son las adecuadas para el tema que quieres trabajar y si contienen un número suficiente de posibilidades diversas. Si éstas son muy limitadas, dibuja tú mismo una tabla que contenga todas las posibilidades que te parezcan necesarias para el tema de que se trate.

En el capítulo 4 hay indicaciones para fabricar tablas propias. Ahora empieza a usar el péndulo encima de la esfera de selección que te permita hacer una preselección. Por ejemplo: ¿Qué terapia (flores de Bach, bioquímica, trabajo con energías, etc.) puede ayudarme a curar una dolencia determinada? Si tu péndulo indica «error», utiliza en primer lugar la esfera de «correcciones de errores» para averiguar cuál puede ser el error. En ningún caso ignores el aviso de un error, por mucho que te moleste. Si no se indica ningún error o ya lo has corregido, pídele al péndulo que te indique en la esfera de selección el camino a seguir para lograr un resultado satisfactorio. Veamos otro ejemplo: si el péndulo te transmite que en la tabla «bioquímica» encontrarás la respuesta, detente en el remedio «magnesio fosfórico» y, una vez que está la indicación anotada, debes mover el péndulo por encima de la esfera de los errores para estar seguro del resultado. Nunca regañes a tu *niño interior* por haberte suministrado una respuesta errónea; intenta más bien escucharlo y aceptar sus avisos y sus consejos para encontrar una solución constructiva, aceptable por el *Yo mediano* (la razón) y por el *niño interior* (el sentimiento). Si no aparece ningún error, verifica —mediante tu sentido común— que la solución propuesta por el péndulo es realmente un buen camino a seguir. En esto has de ser crítico en relación a tu mente tanto como en relación a la afirmación del péndulo. Este método de trabajo puede parecerte complicado pero, según mi experiencia, es la única posibilidad que a la larga puede resultar eficaz. Tu *niño interior* y tu mente (*Yo mediano*) tienen que entrenarse, comprenderse y aceptarse mutuamente para que tu péndulo funcione de un modo impecable. Además, aumentar el conocimiento sobre la ayuda que te propone el péndulo te hace más consciente de muchas cosas de tu existencia.

¡A menudo mi péndulo me da respuestas asombrosas!: un día me aconseja una cierta cantidad de flores de Bach; entonces, en la descripción de esta quintaesencia en un buen libro sobre el tema, encuentro una descripción exacta de mi situación actual psíquica y energética. Así, estoy capacitado de apoyar mi curación con la mente y para identificar con más rapidez las eventuales inarmonías futuras a fin de hacerlas desaparecer en el momento en que se originen. Aceptar esta oportunidad de armonización que te ha sido dada es en definitiva muy simple ya que procede de *tu niño interior* y de tu mente.

Suponiendo, entre otras cosas, que sólo conozcas el tema «homeopatía» por los títulos de la esfera de péndulo que le están dedicados, tendrás algunas dificultades para llegar a ser un experto en la selección y uso de remedios homeopáticos. ¡No puede llegar a dominarse un tema tan complejo como éste con un simple péndulo! Existen, en efecto, miles de remedios homeopáticos y preparaciones específicas, y tu selección por tal o cual esfera debe naturalmente inclinarse hacia aquellos elementos que te parezcan de mejor adaptación para el resultado apetecido (por ejemplo, sanar un dolor intestinal). Sin embargo, tal selección parece bastante difícil a menos de tener conocimientos previos en este preciso campo. De todas maneras, así continuarás acrecentando y mejorando tus conocimientos, lo que repercutirá en tu beneficio. Tu entrenamiento en el uso del péndulo hará tu práctica cada vez más precisa y te llevará a resultados positivos.

El uso de las esferas

Antes de ejercitarte con el péndulo, deberías quitarte tus alhajas y tu reloj de cuarzo para que no influyan en la transposición sobre el péndulo las informaciones de tu *niño interior* en el instante en que «pasen» por tus músculos. Recuerda igualmente las recomendaciones descritas en el primer capítulo.

Para el uso correcto de las esferas debes respetar las siguientes indicaciones: mantén tu péndulo sobre el centro de la esfera. A continuación pregunta en voz alta o mentalmente: «¿Cúal de las alternativas indicadas en esta tabla me puede ayudar a resolver... (indica el tema que te interesa)?»

Si tu péndulo no se mueve o se detiene bruscamente sobre la palabra «error», usa entonces la esfera de «corrección de errores». Si efectúas este ejercicio por cuenta de otra persona, pídele antes una fotografía suya en la que marcarás su nombre, apellidos y fecha de nacimiento; anota por escrito, además, las preguntas de las que desea respuesta. Es necesario que estas preguntas sean claras y precisas. Antes de empezar la sesión, debes releer atentamente todos estos datos. Después, toca con el péndulo la fotografía de la persona referida y pide recibir los datos que le conciernen.

Cuando uses tablas y esferas con un gran número de respuestas posibles, debes usar forzosamente un péndulo de rotación simétrica provisto en su extremo inferior de una punta que te permita leer exactamente las indicaciones que te dé el instrumento. Sitúate justo encima del centro de la esfera para evitar errores de lectura debidos al ángulo de visión. Una vez obtengas la respuesta, pide siempre una segunda comprobación para corroborar o completar la primera. Por ejemplo, hace falta mezclar en ocasiones varias quintaesencias florales de Bach para componer un remedio susceptible de sanar globalmente un cierto número de disfunciones.

No termines el trabajo con esta tabla antes de que tu péndulo te dé la señal fijada para «No más respuestas». Deberías revisar cada afirmación separadamente y al final todas juntas con la tabla de errores.

Posibilidades y limitaciones

El campo de posibilidades que te ofrece el uso del péndulo depende de tu habilidad para escoger las esferas correspondientes a un tema determinado o en fabricar tus propias tablas sobre la base de respuestas censadas, en relación al tema. La selección en una tabla, en la mayoría de los casos es naturalmente limitada. Parte siempre del principio de que, en respuesta a tu pregunta, *tu niño interior* te dará forzosamente la mejor aproximación posible. Muchas veces sucede que la solución ideal, especialmente cuando se trata de problemas complejos, no se encuentra en la esfera. Pero puedes aproximarte a una buena respuesta gracias a las indicaciones del péndulo y a la amplitud de tus conocimientos.

Según toda verosimilitud crearás más y más tablas para tratar en su totalidad un tema determinado. Aplícate bien y tómate el tiempo preciso. ¡Esto siempre es bueno! Al principio de tu «carrera de radiestesista» prueba un máximo de temas para de este modo averiguar los que te sean más evocadores. Con el tiempo te concentrarás en ciertos temas que conozcas bien. Ésta es la llave de tu éxito, que te permitirá desarrollar al máximo tus aptitudes en esta actividad.

Si a la larga te ocupas de demasiados temas, tendrás dificultades en mantener una cierta calidad. Sin embargo, esto no impide que de vez en cuando intentes integrar un nuevo tema en tu trabajo. ¡No hay que olvidar que tu *niño interior* es esencialmente lúdico! Sin embargo, no te extravíes en este juego...

Capítulo 4

Cómo crear tus propias tablas

Llegarás a un punto en que las tablas de péndulo reproducidas en este libro ya no te bastarán porque deberás ocuparte de temas para los cuales aún no hay tablas o las que hay no te parecen lo suficientemente amplias. En este capítulo te daré el camino a seguir para crear tus propias tablas a fin de que ellas te aporten plena satisfacción.

Al final de este capítulo —y al final del libro— encontrarás, además, modelos que podrás copiar, ampliar y completar según tus necesidades.

Cómo hacerlas útiles

En primer lugar establece una lista de las posibilidades existentes. Cuando hayas apuntado todas las posibles alternativas, deberás asegurarte de si realmente posees todos los elementos necesarios y ninguno de ellos resulta inútil. Luego, dibuja en el centro de la esfera un círculo de un centímetro de diámetro aproximadamente. Eso es el centro de la tabla sobre el que, para examinarla, deberás colocar el péndulo. Será necesario que también fijes tu mirada en este sitio para comprobar correctamente la posición del péndulo. Ahora, cuenta las soluciones de tu lista y añade la posibilidad «error» que ha de figurar imprescindiblemente en cada tabla. Si utilizas una hoja de papel de tamaño Din A 4 para representar la esfera, limítate a cuarenta y una posibilidades. De no ser así, la separación entre líneas será demasiado pequeña para leer correctamente los resultados obtenidos. Si necesitas más criterios de selección, haz varias tablas interconectadas por referencias integradas en el círculo de las respuestas. De este modo el péndulo podrá indicarte en qué esfera se encuentra la respuesta buscada.

Si el número de eventuales posibilidades escogidas, comprendido el «error», es impar, no se te presentará ninguna dificultad en particular. Pero si te resulta un número par, añade una segunda línea de «error». La razón de esto es muy simple: en el caso de un número par de soluciones, todas las líneas se encuentran bien encaradas alrededor del círculo central y, con ello, corres el riesgo de no saber cuál de las dos líneas que se prolongan es en realidad la que indica el péndulo. En el caso de un número impar, incluso aunque las diferentes alternativas estén igualmente repartidas según un mismo ángulo alrededor del círculo, esta posibilidad de error no se presentará porque por razones evidentes geométricas las líneas no quedarán nunca encaradas. Para comprobar esto, es suficiente con efectuar un sencillo cálculo: divide la cifra 360, que corresponde a los 360 grados del círculo central, por el número impar de soluciones. El resultado te indicará el ángulo en grados comprendido entre las diferentes líneas. Con lo cual, con la ayuda de un transportador podrás marcar estos grados sobre el círculo y trazar las líneas al final de las cuales se indican los apelativos de las soluciones. Si no dispones de suficiente espacio para anotar las apelaciones, te bastará con suplirlas por un número y, después, reproducir la lista de las soluciones en la parte baja de la página con indicación de los números que se correspondan. Lo mejor es que anotes el tema de la esfera de péndulo en letras mayúsculas en la cabecera de la hoja. En la parte inferior puedes apuntar también la fecha de creación de la esfera y, eventualmente, la bibliografía existente sobre el tema; con lo que en este caso, podrías asimismo relacionar el número de las otras esferas con dicho tema. Resulta también útil escribir una especie de pequeño formulario sobre el modo de empleo, especialmente cuando se trate de esferas muy raras veces consultadas. Por ejemplo, puedes servirte de esta ayuda de la memoria cuando se trate de encontrar un remedio homeopático, para recordar que es necesario antes determinar el grupo de medicamentos (por ejemplo, mineral, vegetal, animal, alimentario), después, el remedio apropiado y el nombre de la disolución del principio activo (TM, CH, DH) y, finalmente, el grado de potencia de dicha solución (por ejemplo, CH 6). Anota igualmente cúantas veces, a qué ritmo y en qué periodicidad hay que tomar el remedio. Seguidamente añade una anotación para que no te olvides de verificar en un buen libro de farmacología homeopática si el medicamento corresponde a la enfermedad y si las dosis y la aplicación dictadas por el péndulo son las correctas.

Una última sugerencia: sería interesante que pegaras esta hoja de esfera de péndulo sobre un soporte de cartón para clasificarla en un archivador. Cuando dispongas de un cierto número de tablas te aconsejo poner, al principio del archivador, una lista de las esferas que contiene, con una breve descripción de cada tema, indicando todas las esferas que forman parte de un mismo grupo de temas. Aunque en principio te parezca un poco complicado, estos trabajos, por su practicidad, te serán muy útiles en tu labor. Recuerdo que antes de decidirme a aplicar este sistema de clasificación, muchas veces debía revolver todo mi apartamento para encontrar por fin la tabla que precisaba... rasgada en mil pedazos por uno de mis gatos... Personalmente, ahora soy un poco latoso con el orden. Pero cree en mi larga experiencia de infortunios caóticos. Con el tiempo, el orden no puede valorarse si antes no has pagado el desorden.

Tu Tabla

Tema:

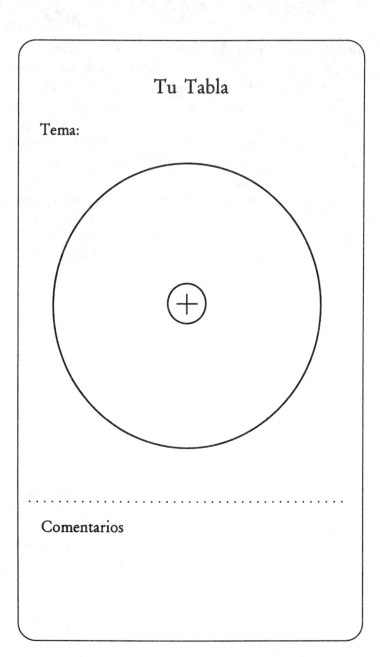

Comentarios

Capítulo 5

Uso del péndulo según el método de los cinco elementos chinos

Si llevas mucho el péndulo contigo de un sitio a otro, para tenerlo siempre a mano cuando hay algo interesante que investigar, probablemente te fastidiará el hecho de que no puedas también llevar tus tablas y que las informaciones que recibas se limiten a respuestas «normales» como «Yin» o «Yang», «Simpatía» o «Antipatía», «Sí» o «No», que no te bastarán para investigar un tema en profundidad. Antes también yo tenía este problema y, por lo tanto, desarrollé un método sencillo que me ayuda a conseguir datos muy precisos sin la necesidad de usar tablas. Se trata de usar el péndulo según un método chino muy antiguo que se basa en los Cinco Elementos. Este método se aplica hoy en día sobre todo en acupuntura, en acupresión y otras técnicas similares. En el Yoga Tao también hay muchos ejercicios y explicaciones que se sustentan en estos elementos particularmente adaptados a la explotación de fenómenos energéticos porque integran un gran número de correspondencias establecidas y controladas desde tiempos inmemoriales y que están suficientemente detalladas y específicas para poder definir, por ejemplo, el efecto energético que tiene sobre una persona una piedra sanadora en un preciso momento. Sin embargo, aplicar este método al péndulo requiere una pequeña ayuda que puede revestir la forma de una especie de disco pequeño en el cual debes dibujar un círculo dividido en cinco partes iguales. Para facilitarte un poco el trabajo, al final de este capítulo encontrarás un círculo de éstos reproducido en tamaño original. Haz una copia, pégalo sobre un cartón fuerte y colorea los cinco segmentos según los colores indicados. A continuación, copia la tabla de correspondencias de los Cinco Elementos y pega esta copia en la otra cara del cartón. De este modo tienes todo lo que necesitas incluido el péndulo. Ahora puedes llevar a cabo algunos experimentos.

El modo de empleo de la esfera de los Cinco Elementos es el siguiente: Si por ejemplo quieres saber las virtudes terapéuticas de algún cristal o piedra preciosa en relación a tu persona, en un momento determinado y en lugar preciso,[5] toca esta piedra brevemente con el péndulo, a continuación ponla encima y en el centro de la esfera de los Cinco Elementos y pregunta en voz alta: «¿Qué efectos tiene esta piedra ahora y aquí sobre mi persona?» Acuérdate del elemento indicado y pregunta por otras influencias más débiles. Así se constituirá una imagen progresiva bastante clara de los efectos que puede producir esta piedra o cristal sobre ti. Para indicar un error, no previsto en la esfera, puedes convenir con tu *niño interior* que una detención del péndulo significa «error». Mediante la tabla de corres-

---

5. Es absolutamente necesario respetar estas condiciones para interpretarlas. No existen dos seres humanos que reaccionen de un modo idéntico a los mismos impulsos energéticos. E incluso en una misma persona la reacción puede ser distinta según el momento escogido y la energía de la zona en que se encuentre.

pondencias de los Cinco Elementos, te será posible observar de inmediato todo lo que se relaciona con tu pregunta. Si usas el péndulo en provecho de otra persona, también antes de empezar el experimento tócala ligeramente con tu péndulo para establecer una conexión energética. Como veis, todo es relativamente fácil. Prueba este sistema y experimenta con él. Es aconsejable llevar contigo un bloc de notas y un lápiz para anotar datos que pueden ser necesarios posteriormente en el momento de realizar el análisis. Un ejemplo más: un determinado lugar energético puede ejercer sobre ti una influencia distinta según la hora del día. Esta influencia es variable según un ritmo definido y repetitivo. Una vez comprendidas las condiciones de las diferentes influencias, puedes servirte de un modo correcto de la energía del lugar. Del mismo modo, igualmente puedes conocer el impacto energético que ciertas personas pueden ejercer sobre ti. Para ello basta disponer de una fotografía de la persona en cuestión, e incluso, si ya tienes experiencia, será suficiente que te representes mentalmente a esa persona para establecer una conexión válida. Este proceso se llama «uso mental del péndulo». Si pruebas este método, es prudente controlar muy bien los resultados hasta que estés realmente seguro de los mismos.

El funcionamiento de este método basado en los *Cinco Elementos* se fundamenta en los elementos energéticos metal, agua, madera, fuego y tierra. El *metal* simboliza las funciones del recibir y del dar; de la comunicación, del metabolismo, del ritmo vital desde el punto de vista material y energético. El *agua* simboliza la función de la energía vital y la emocional. Todos los

Los Cinco Elementos y sus correspondencias

ELEMENTOS	METAL	AGUA	MADERA	FUEGO	TIERRA
Meridianos	Pulmones Intestino grueso	Riñones Vejiga urinaria	Hígado Vesícula biliar	Corazón Intestino delgado	Bazo, páncreas Estómago
Órganos sensoriales	Nariz	Orejas	Ojos	Lengua	Boca/labios
Partes del cuerpo	Mucosas, piel	Huesos	Tendones, uñas	Sangre, sudor	Músculos
Sensaciones armónicas	Valor, soltarse, adaptabilidad	Placidez, vela, calma	Imaginación, actividad, calor humano	Amor creativo, carisma, fuerza interior	Armonía interior, justicia
Sensaciones inarmónicas	Tristeza, depresión	Angustia, estrés	Cólera, odio	Impaciencia, capricho	Cavilar, preocupaciones
Sentidos	Sentir	Oír	Ver	Hablar	Gustar

Esfera correspondiente
a los Cinco Elementos

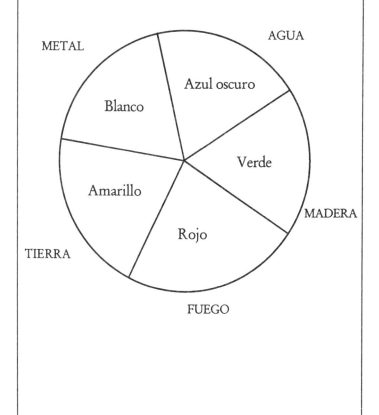

elementos líquidos de nuestro organismo tales como la linfa, la sangre, la saliva, la orina, etc., se relacionan directamente con ella. Otorga flexibilidad al conjunto cuerpo-espíritu-alma, además de posibilitar la fluidez de las energías. La *madera* representa el crecimiento, el arraigamiento en el mundo material y la capacidad de organizar nuestra existencia en función de nuestras necesidades con responsabilidad. Este elemento energético tiene una relación especial con la columna vertebral y las articulaciones. El *fuego* representa la función de la energía vital, del calor del corazón y del dinamismo. En el conjunto cuerpo-espíritu-alma se separa lo «puro de lo impuro» en un proceso comparable al de la alquimia. Simbólicamente también se le podría llamar energía de la iluminación. El fuego del amor, de la sexualidad, del erotismo, del calor corporal y del sistema inmunológico también dependen del elemento *fuego*. La *tierra* describe la función vital del conjunto cuerpo-espíritu-alma. Todos los demás elementos energéticos dependen de la *tierra* como fuente de energía para nutrirlos y mantenerlos vivos. La tierra, que también se puede describir con el término japonés «Hara», nos permite atravesar, con equilibrio y armonía, las turbulencias de la existencia.

Capítulo 6

El péndulo, el cuerpo y las energías

Tu péndulo puede ser un buen ayudante en el trabajo práctico sobre las energías, especialmente con un objetivo sanador o de desarrollo espiritual. En este capítulo precisaré algunas posibilidades de aplicar el péndulo en la práctica y que resultan muy eficaces.

El péndulo y el masaje

Para dar un masaje a otra persona, es fundamental en primer lugar quitarse antes las alhajas y el reloj de cuarzo. A continuación coge el péndulo y colócate aproximadamente a un metro de distancia frente a tu cliente. Pon el péndulo ante ti y pregunta en voz alta: «¿Qué parte del cuerpo debo masajear?» Si el péndulo oscila con insistencia en dirección a una determinada parte del cuerpo, avanza lentamente en la dirección indicada hasta que el péndulo se ponga a girar o se inmovilice encima de un punto preciso del cuerpo. Ahora pregunta: «¿En qué sentido debo dar el masaje?» Memoriza la dirección que te indique el péndulo y luego pregunta: «¿Debo dar el masaje con mucha fuerza?» Si la respuesta es «sí», empieza el masaje. Si la respuesta es negativa, sigue preguntando: «¿Debo dar el masaje con poca fuerza?» Si la respuesta es positiva, empieza el masaje, si no, pregunta si debes masajear con suavidad, o con un mínimo de fuerza. Masajea entonces en la zona indicada y, de vez en cuando, pregunta al péndulo si debes continuar. Cuando este sitio del cuerpo se ha masajeado el tiempo suficiente vuelve a buscar con el péndulo, tal como se ha descrito antes, nuevas zonas del cuerpo que precisan masaje. Si el péndulo ya no oscila, se da por terminada la sesión.

Si el masaje debe equilibrar un determinado problema físico, en lugar de la pregunta general mencionada antes, formula una pregunta que se refiera al problema en cuestión. En el masaje con péndulo también piensa en controlar siempre las informaciones del péndulo. Si por ejemplo tu péndulo te indica que debes hacerle a tu cliente un masaje muy fuerte en los ojos, mejor no lo hagas pues los ojos son demasiado delicados para tales experimentos. De todas maneras, examina después con calma la causa a fin de comprender mejor la mecánica del péndulo para que tus capacidades puedan mejorar. En ningún caso regañes a tu *niño interior*; sus razones tendrá para dar tales respuestas. Y nunca olvides que tu buen juicio es vital para evitar errores graves.

La acción del péndulo sobre la energía del aura

Tu péndulo también puede ayudarte para liberar las energías bloqueadas de tu aura. Para esta experiencia yo prefiero utilizar un péndulo de cristal de forma redonda y del tamaño de una nuez. Puedes ayudarte del péndulo y de sus preciosas indicaciones para descubrir la piedra que tendrá mejor efecto terapéutico. En el anexo encontrarás una esfera referente a las piedras preciosas. Utilízala para determinar cuál es la que mejor se adapta al tema.

Asegúrate de que tú y tu cliente no lleváis ni joyas ni relojes de cuarzo y colócate a un metro y medio de él.[6]

Pregunta entonces a tu péndulo por la energía bloqueada del aura y sigue sus oscilaciones hasta que gire sobre sí mismo o se quede fijo. No dejes tu péndulo demasiado tiempo en el mismo lugar sino el necesario para localizar el problema. Esta protección es fundamental si no tienes conocimientos suficientes para protegerte. Hay que evitar captar las energías inarmónicas de la persona de que se trate, porque habrás contraído todos sus males, lo que no constituye el objetivo de la operación... Ahora, coge la piedra sanadora, que antes deberás haber limpiado bajo el agua del grifo para eliminar todas las energías indeseables, y mantenla con tres dedos en el sitio indicado del aura. Deja que tu péndulo oscile libremente y pídele que se detenga cuando la piedra esté «cargada». Purifícala enseguida enjuagándola en agua fría antes de volver a ponerla en la posición anterior ante el aura. Pide a tu péndulo una vez más que te indique si la piedra está cargada o si las energías bloqueadas han sido liberadas. Cuando el péndulo se detenga, averigua si la energía ha sido de nuevo

---

6. Teniendo en cuenta el diámetro del aura, esta distancia deberá ser superior a la indicada para los masajes.

armonizada. En el supuesto de una respuesta negativa deberás recomenzar todo el proceso hasta que el péndulo te señale que tus esfuerzos han tenido éxito. También puede ser que haya varios sitios en el aura que tengan bloqueos. Para asegurarte, interroga otra vez al péndulo si la piedra utilizada para liberar la primera de las energías es igualmente válida para las otras. De no ser así, tendrás que utilizar varias piedras en vez de una sola.

Cuando hayas acabado la purificación del aura, ofrécele a tu cliente unas gotas de esencia de lavanda para que lo aplique en sus principales chakras, en la palma de las manos y en las plantas de los pies. Prescríbele después un reposo de quince minutos como mínimo, y aconséjale que se friccione también durante algunos días y por la mañana antes de lavarse, lo que facilitará la estructuración y la sanación de su sistema energético. Después de la sesión lávate cuidadosamente las manos y los antebrazos en agua corriente y limpia igualmente las piedras preciosas utilizadas. Ponlas al sol, al lado de una planta grande y fuerte, bajo una ducha de Reiki[7] o sobre una drusa de cristal, para que puedan recargarse. Seguidamente déjalas reposar varios días. Antes de acostarte deberás ducharte con agua templada a fin de rechazar las eventuales energías extrañas de tu aura. Por último, orea, durante toda la noche, los vestidos que has llevado puestos en la sesión.

---

7. La ducha de Reiki es un campo energético estacionario que el segundo grado de Reiki permite realizar. Tiene un efecto fuertemente purificador y revitalizante sobre todos los elementos que se exponen a ella.

El péndulo y las piedras que sanan

El péndulo puede servirte muy bien para encontrar la piedra ideal con vistas a sanaciones mediante cristales. Encontrarás en el anexo una esfera que corresponde al tema, con todas las indicaciones necesarias. Unas vez hayas encontrado las piedras que han de suprimir los estados conflictivos, tu péndulo te indicará los emplazamientos del cuerpo donde debes aplicarlas. De este modo, gracias a las piedras y a los cristales, dispondrás de un rosario de sanadores rigurosamente adaptados a variadas disfunciones. Estas combinaciones de cristales son mucho más eficaces que piedras aisladas o series de piedras.[8] El poder de cada piedra se ve así duplicado, permitiendo de este modo armonizar las dificultades más profundas del individuo, incluso hasta hacerle evolucionar su personalidad, librarlo de ciertos atolladeros y hacerlo progresar en su evolución. No olvides jamás limpiar las piedras antes de utilizarlas. Teniendo en cuenta la eficacia real de esta técnica, verifica siempre el riesgo de errores posibles y no emprendas jamás esta experiencia sin haber adquirido antes un buen conocimiento teórico.

Después de una terapia con cristales, aconseja a tu paciente que beba mucha agua, que reduzca o, mejor,

---

8. No es muy recomendable ir de un sitio a otro con piedras sanadoras en los bolsillos. Sus fuertes energías pueden desencadenar diversas inarmonías en vuestro cuerpo. Si los cristales no son purificados regularmente (con agua fría, sobre una drusa de cristal, bajo rayos solares, el Reiki, etcétera), pueden reflejar su carga en energía inarmónica sobre el cuerpo. Como ocurre con todos los medios terapéuticos eficaces, es necesario utilizar los cristales con prudencia y conocimiento de causa.

que suprima el alcohol, el café, el tabaco, etcétera. Tampoco es recomendable, si no eres naturópata, psicoterapeuta o médico, tratar problemas graves sin ser asistido por un profesional de la salud.

El péndulo y las 38 esencias florales de Bach

Las esencias florales muchas veces se pueden aplicar con mayor éxito si se fricciona con ellas determinadas zonas de la piel que ingeriéndolas. Que yo sepa, hasta ahora no se han establecido correspondencias entre las 38 esencias florales de Bach y el cuerpo humano. Con tu péndulo, esto es posible. Sitúate a un metro aproximadamente de tu paciente, que permanecerá tendido, y concentrándote pídele a tu péndulo que te indique las partes del cuerpo que precisan una fricción de esencias florales. ¡No uses jamás esencias sin diluir!

Para que las aplicaciones descritas en este capítulo sean muy eficaces, es necesario siempre uilizarlas con prudencia y asistido de un naturópata o un médico, si quieres tratar de un modo responsable las enfermedades del cuerpo y del espíritu.

Gracias a las técnicas descritas en esta obra podrás desarrollar tu propia metodología.

Capítulo 7

Cómo descubrir las radiaciones telúricas y otros campos de perturbaciones

Muchas enfermedades y perturbaciones físicas y psíquicas están relacionadas con ondas nocivas que rodean al ser humano. Estas energías nocivas son principalmente: radiaciones telúricas debido a los cursos de aguas subterráneas, a fallas geológicas, a deslizamientos de tierras; las redes Hartmann y Curry; las energías especiales de los altos lugares vibratorios; las radiaciones de los transformadores, los hornos eléctricos, los televisores y monitores informáticos, los hornos microondas y las líneas de alta tensión.

Tu péndulo te permitirá detectarlas para que puedas protegerte tú y a otros de ellas. Pero antes de dar más explicaciones sobre la técnica a seguir quiero transmitirte unos conocimientos básicos respecto de los campos perturbadores y de las enfermedades que pueden engendrar.

Incluso en el mundo más selvático, lejos de la civilización, estamos envueltos por toda clase de ondas. Radiaciones telúricas, radiactividad natural y ondas cósmicas nos afectan en cada segundo de nuestras vidas. Una cierta «carga vibratoria» forma parte de nuestro entorno habitual. Cargamos una parte de nuestra propia energía vital de estos campos, a través de los puntos meridianos de acupuntura y los diversos chakras principales y secundarios. Estos campos nos mantienen en un cierto «estrés natural» del que nuestro conjunto cuerpo-espíritu-alma tiene absoluta necesidad para mantener el sistema inmunitario energético y para abrirse a los estímulos en todos los niveles de evolución. Estas «cargas energéticas» son comparables, en un plano material, a las bacterias y los virus omnipresentes y de los que nuestro sistema inmunitario tiene necesidad para mantener su actividad y para evolucionar permanentemente. Un ser humano que goce de buena salud natural, es decir, alguien que viva en armonía consigo mismo y con el mundo, no cae gravemente enfermo gracias a estos estímulos exteriores, que son necesarios para garantizarle su bienestar por largo tiempo. Si esta persona se ve sometida, aunque brevemente, a un aumento de radiaciones de cualquier procedencia que sea, lo soporta sin alteraciones. Pero si las agresiones vibratorias se prolongan, no deben excluirse sus repercusiones sobre la salud. En el mismo orden de ideas, si una persona sufre una disminución de energía vital, no puede protegerse contra las influencias exteriores normales. En este capítulo expongo en particular estos dos tipos de casos. Mas, para poder serviros de este fenómeno natural, antes deberéis conocer la técnica que permite definir la fuerza del campo energético vital de un hombre (o el sistema inmunológico energético). De este modo sabréis si tu péndulo es capaz de captar o no los estímulos vibratorios normales sin sufrir por tanto caídas negativas para la salud. Será preciso igualmente que os ejercitéis en hallar la diferencia entre las ondas de intensidad normal, y por consecuencia no nocivas, y las radiaciones verdaderamente perturbadoras. Éste es el único medio para llegar a resultados prácticos sin perdernos en la jungla de todas estas ondas cotidianas.

Determinar la potencia del sistema inmunológico energético

Para determinar la energía vital de una persona se procede del modo siguiente: sitúa ante ti la esfera complementaria C titulada «contenido de energía vital» del anexo. Toca ligeramente con tu péndulo a la persona cuya energía vital quieres determinar, para establecer una conexión energética. Ahora pregunta a tu *niño interior*: «¿Cuál es la amplitud de la energía vital de esta persona sabiendo que la fuerza máxima es 100?» Entonces el péndulo debe mostrarte un valor determinado en la esfera. Sigue preguntando: «¿A qué nivel, expresado en tanto por ciento, su energía está demasiado baja para protegerle contra las ondas normales de su entorno?» Controla si esta cifra es inferior a la precedente. Si éste es el caso es que no existe ninguna dificultad notable y puedes seguir tu búsqueda preguntando si esta persona sufre agresiones particulares de ondas nocivas en su vida cotidiana. Más adelante en este mismo capítulo te explicaré la técnica.

Si, por el contrario, el nuevo valor está muy cerca del primero, o incluso superior, primero hay que controlar los resultados de la manera habitual y haciendo además una pregunta suplementaria: «¿Las perturbaciones o enfermedades que sufre esta persona están relacionadas con ondas nocivas?» Si no obtienes un

«Sí» y al controlar la respuesta en la tabla de errores ésta no es negativa, deberías investigar en primer lugar si no hay otras causas eventuales que puedan explicar esta falta de armonía, aunque tu cliente insista mucho en que se trata de «radiaciones nocivas». Si de hecho la perturbación de la salud está causada por una energía vital demasiado débil, métodos tales como las flores de Bach, la práctica del Reiki, la homeopatía, la terapia con piedras preciosas o la psicoterapia pueden, según el tipo de enfermedad, dar muy buenos resultados. Aunque a menudo es suficiente con un cambio radical en la alimentación.

Aquí todavía tu péndulo te puede ayudar. En el anexo encontrarás diversas esferas sobre estos temas. Desde luego, no es ineludible preguntar al péndulo para encontrar una terapia, si se trata de una urgencia. Sin embargo, su ayuda puede ser preciosa en muchas circunstancias, pero ¡no hay que ser esclavo del péndulo! El hombre dispone afortunadamente de otras ayudas de decisión; el péndulo es más bien un consejero que un determinante.

La localización directa de ondas nocivas

Si una radiación demasiado alta es la causa de una falta de armonía, hay que averiguar dónde está su fuente. Antes de empezar la búsqueda, piensa que la persona en cuestión debe de haber pasado un cierto tiempo en el lugar donde la radiación es tan fuerte que puede haberle provocado el desequilibrio energético (hay, no obstante, excepciones que indicaré al final de este capítulo, cuando una breve radiación puede también desencadenar perturbaciones). Empieza, pues, por estudiar la vibración de los lugares donde esta persona se encuentra a menudo o durante un cierto tiempo; por ejemplo, el emplazamiento de su cama, de su sillón favorito ante el televisor o de su butaca de trabajo —puede estar ante un ordenador—. Junto con tu cliente establece una lista de estos sitios y toma especialmente nota de las modificaciones eventuales hechas en los seis meses anteriores al comienzo de su enfermedad (cambio de apartamento, modificación del emplazamiento de la cama, nuevo lugar de trabajo, etcétera), con lo que llegarás rápidamente a delimitar las posibles causas. Procura entonces saber si, en los alrededores más cercanos a estos lugares se han producido, en el período de que se trata, instalaciones de nuevas canalizaciones o un nuevo tendido eléctrico. Una vez tengas tu «plan de batalla» establecido, podrás acudir a los lugares indicados para localizar, con ayuda de tu péndulo, los sitios «incriminados». Para no ser molestado tú mismo por las radiaciones normales, puedes construir, de acuerdo con tu *niño interior* una especie de filtro. Para realizarlo necesitarás la presencia de la persona afectada o de una foto suya. Una vez hayas llegado al lugar a revisar cierra los ojos durante unos instantes y siente tu respiración hasta que llegues a la total relajación. Pídele entonces a tu *niño interior* que en la búsqueda de radiaciones no te distraiga indicándote las fuentes de ondas nocivas muy débiles a riesgo de perjudicar energéticamente a tu cliente. Abre después los ojos y toca con tu péndulo a la persona o, en su defecto, la foto para establecer la correspondencia energética indispensable. Desde este momento estarás en disposición de interrogar a tu péndulo para que te precise el emplazamiento exacto desde donde son emitidas las ondas nocivas para esta persona.[9]

Sigue lentamente los movimientos giratorios del péndulo, atento a cualquier modificación en la orientación, hasta que te indique claramente una cierta cualidad energética. Determina entonces la fuerza y el tipo del campo energético de que se trate, antes de buscar otros elementos perturbadores. Para estar capacitado de identificar correctamente las cualidades energéticas, familiarízate antes con los conocimientos fundamentales descritos en el capítulo siguiente. Tu *niño interior* te indicará el movimiento pendular particular de cada uno de los cinco tipos de ondas nocivas allí descritos. Cuanto tu péndulo te haya suministrado las informaciones necesarias sobre las radiaciones particulares, anota con precisión el lugar, la anchura del campo y la fuerza de las ondas, con el fin de realizar un análisis más concienzudo posteriormente.

Puedes medir la anchura de las ondas con la ayuda de la tabla que indica la fuerza en tanto por ciento de la energía vital: relájate, pídele a tu *niño interior* cuánto tiempo podrá soportar tu cliente sin daño esa radiación; observa que cada uno de los intervalos comprendidos entre uno y cien corresponde a la duración de un mes. Formulándolo de modo similar, reitera la misma pregunta trasladándola a semanas, a días, a horas, etcétera. Evidentemente, estas indicaciones conciernen

---

9. Ya he explicado, en capítulos precedentes, que las mismas energías pueden tener distintas repercusiones en diferentes seres humanos.

al estado energético actual de la persona en cuestión. Si este estado se modifica, las indicaciones concernientes a la nocividad de las radiaciones cambiarán igualmente.

Digresión: los cinco tipos de ondas nocivas

Esta digresión es necesaria para permitirte reconocer las distintas formas de ondas nocivas. Hay que diferenciar una *vibración Yang* de una *vibración Yin* y de una *vibración que cambia de modo permanente*; un *campo estático* y un *agujero de radiación*. Una *vibración Yang* es, de hecho, una corriente energética permanente dirigida hacia un lugar preciso. Todos los lugares donde los seres más sensibles tienen dificultades para dormir (se habla de «zonas de vela») y donde sí trabajan bien y con continuidad, tienen una indiscutible calidad de *Yang*. Un exceso de *vibraciones Yang* puede causar nerviosidad, irritaciones, transpiración excesiva, calambres, tendencia a inflamaciones y una alta presión sanguínea, diarrea, rinitis o náuseas. Una *vibración Yin* es responsable de la pérdida continua de energía en una zona precisa. Las zonas llamadas «de fatiga» o «de cáncer», o sea lugares donde la gente cae rápidamente en un estado relajado, pero con tendencia al agotamiento, son, sin excepción, lugares con una calidad *Yin* muy acentuada. Un exceso de *vibraciones Yin* puede causar, por ejemplo, una sensación de fatiga, falta de dinamismo, una sensación de frío, tendencia a enfermedades degenerativas (cáncer, etcétera), estreñimiento, falta de apetito, presión sanguínea baja, carencias en el sistema inmunológico o mala circulación sanguínea. Una *vibración siempre cambiante* procede de una fuerte radiación de tipo distinto. Cuanto más fuerte es la radiación y cuanto más frecuentemente cambia su calidad, más nefastos pueden ser sus efectos para el ser humano. Estas fuertes y sin cesar diferentes estimulaciones sobrecargan los mecanismos reguladores del sistema energético del hombre, altamente complejos e interactivos. Actúan por fenómenos carenciales, reacciones desmesuradas o demasiado débiles, distintas clases de disfuncionamientos del metabolismo, estados maníaco-depresivos, toda clase de alergias, un aumento de la agresividad, una sensación de sobrecarga, debilidades inmunológicas, migrañas, falta de ganas de vivir, y si el impacto de estas vibraciones dura largo tiempo, sus efectos son una falta de reacciones o, a la inversa, la hipersensibilidad. Yo llamo a estos efectos de la *vibración siempre cambiante* el «síndrome cultural».

Entre los ejemplos citados habrás reconocido muchas enfermedades que están de moda en nuestros tiempos. Vivimos en un entorno que se está complicando cada día más con radiaciones. Con cada nuevo aparato electrónico, cada nueva conducción de agua, cada nueva linea radioeléctrica, cada nuevo emisor radiofónico o de televisión, catalizadores en los coches,[10] etc., se va ampliando el mundo de las radiaciones.

---

10. En efecto, los catalizadores emiten a menudo potentes ondas de una calidad siempre distinta orientadas hacia el interior del vehículo. Las nefastas consecuencias para los ocupantes del coche, después de un largo trayecto, pueden probarse con el péndulo o con instrumentos adecuados de medición. No es la primera vez que la Ciencia nos aporta elementos útiles y prácticos que, en otro aspecto, resultan nefastos para nuestra salud.

Un *campo estático* es una zona en la cual distintas energías de diferente polarización se neutralizan mutuamente; igualmente puede tratarse de una forma rara de radiación que tiene por efecto retrasar toda suerte de procesos vitales. Los efectos pueden ser pérdida de memoria, una sensación extraña de no pertenecer a este mundo, falta de asentamiento a la tierra, actitudes irreales, a las que se añaden a veces otros efectos orgánicos, como una incapacidad del cuerpo de desintoxicarse normalmente, un metabolismo perezoso, pérdida de las fuerzas y debilidad generalizada, tendencia a un estado de tensión general y falta global de energía, sin que pueda hablarse, no obstante, de enfermedad. Un *agujero de radiación* tiene efectos muy obvios en el hombre: se aburre. Y si esta falta de vibraciones dura un cierto tiempo aparecerá una carencia de flexibilidad, un desagrado general y una tendencia a provocaciones sin razón de ser, una agresividad desagradable y un cierto «esnobismo». Si una persona no se encuentra sometida a estímulos vibratorios externos, intenta crearlos artificialmente inventando situaciones conflictivas.[11]

Para completar esta descripción, quiero aludir brevemente a las principales consecuencias positivas de las distintas formas de impacto energético.

Una fuerte *vibración Yang* puede reactivar funciones vitales perezosas e influir positivamente en personas depresivas o que padecen agotamiento general. Una

---

11. Los síntomas descritos se presentan a menudo, pero no siempre bajo este aspecto. Según cómo reaccione cada individuo, síntomas idénticos pueden revestir formas muy diferentes. Es necesario definir siempre muy claramente de qué clase de ondas nocivas se trata.

fuerte *vibración Yin* puede equilibrar las energías exageradas (como en ciertos casos de histeria, o en casos de inflamaciones) a un nivel soportable. Asimismo, puede librar ciertas angustias y, en general, favorecer el relajamiento. Una fuerte *vibración siempre cambiante* es capaz de influir positivamente en la falta de flexibilidad a todos los niveles, acelerar procesos de aprendizaje y maduración, crear estímulos de desarrollo y, con ello, la capacidad de decir «Sí» o «No». Un *campo estático* es un espacio vacío de decisiones e intereses, favoreciendo diversas formas de iluminación. En un campo de éstos un ser humano tiene la oportunidad de escoger y comportarse según la situación del momento y esto sin pasión, con distanciamiento y de una manera imparcial.

Sin embargo, nadie debe hallarse demasiado tiempo en un *campo estático*, porque corre el riesgo de no saber por qué razón lleva a cabo uno u otro cometido. Un *agujero de radiación* puede ser un lugar ideal para descansar después de muchas experiencias de aprendizaje y muchos procesos de evolución poblados de años de transición.

Un consejo: estas energías fundamentales tienen sus correspondencias con los cinco elementos chinos, los meridianos y los chakras principales y secundarios. Hay que tener en cuenta que una *vibración Yang* posee la calidad primordial de un determinado chakra, y lo recarga de energía. Una *vibración Yin* suprime de energía a este centro de fuerza mientras que una *vibración siempre cambiante* pone a su disposición unos estímulos que puede integrar para crecer, o rechazar y correr el riesgo de encontrarse bloqueado. Un *campo* *estático* relacionado con un determinado chakra puede ofrecerle la posibilidad de acceder a un estado de impaciencia, lo que favorece la apertura, la aclaración. Un *agujero de radiación* aporta al centro correspondiente un período de reposo y debilitación después de una fuerte fase evolutiva. Estas posibilidades de acción son igualmente válidas para todos los otros ejemplos mencionados en este capítulo.[12] Bueno, ahora sigamos con la práctica. Espero que esta excursión a la teoría no te habrá desanimado...

La localización indirecta de ondas nocivas

A veces no es posible acudir a los lugares donde tu cliente pasa la mayor parte del tiempo. En estos casos puedes recurrir a un método indirecto de investigación que sin embargo requiere un cierto entrenamiento en materia de radiestesia con el péndulo y que no hace falta comenzar de inmediato y no necesita de un control cuidadoso de sus resultados.

Tu cliente debe procurarte un plano preciso y suficientemente extenso y detallado de todos los lugares perturbados por ondas nocivas, las fotos de los edificios correspondientes y la dirección exacta. Después relájate y pide, del modo habitual, a tu *niño interior* que te ayude en la tarea. Explícale que los dibujos representan las piezas donde esperas encontrar eventual-

---

12. No olvides jamás que estas correspondencias son válidas la mayor parte del tiempo, pero no son inmutables. Es necesario, pues, controlar cada caso individualmente.

mente el origen de las ondas nocivas. Entonces procede como si fuese el caso de una localización directa, no olvidando anotar los resultados.

Armonizar las radiaciones terrestres

Después de haber recibido tanta información sobre la localización de radiaciones terrestres seguramente quieres saber cómo se armonizan los campos perturbadores.

Antes de descubrir cómo eliminar las ondas nocivas, debes saber en qué sentido se mueve la perturbación vibratoria para un ser humano y cómo perturba la vida de esta persona. Si investigas la calidad de estas radiaciones, su correspondencia con los chakras, y comparas estos resultados con la vida de dicha persona, el resultado puede ser sorprendente.

Las personas que desean eludir ciertas influencias nocivas en su vida para evitar los procesos de aprendizaje que resultarían del enfrentamiento con estos estímulos, se encuentran con frecuencia enfrentadas a ondas nocivas de la misma calidad, prescritas por su *Yo superior*. El conjunto cuerpo-espíritu-alma es responsable del desarrollo de un ser humano que, a veces, no parece tener más remedio que usar medios drásticos para orientar sus pasos a la necesidad de aprendizaje. Si tu paciente llega a comprender estas correlaciones, le habrás dado el útil más maravilloso para realizarse en una vida armoniosa y feliz. Si eliminas su autorresponsabilidad, le privas de la única oportunidad de armonizar su vida en el sentido integral del término y su *Yo superior* ya no seguirá presentándole estímulos para hacerlo evolucionar. La ayuda que tú le aportes no debe consistir solamente en neutralizar las ondas nocivas, sino en tomar conciencia de su *Yo superior*.

No debe olvidarse el aspecto «técnico», es decir, la neutralización de las ondas. No creo mucho en «recetas» tales como recipientes llenos de arena, en ágatas u otras piedras terapéuticas, esteras de paja, almohadas de mijo, agua bendita, etcétera. Aunque a veces ayudan, es sólo por un corto tiempo. En cuanto a los cristales, si no se domina perfectamente su uso, pueden resultar dañinos, pues pueden incluso reforzar las ondas nocivas. Además, la energía propia de las piedras también puede debilitarse. De modo que si no es posible cambiar la localidad y la forma de vida de la persona a otros lugares con menos radiaciones como el remedio más fácil y eficaz, deberías tener en cuenta aparatos especialmente concebidos para neutralizar las ondas. La utilización de otros objetos, como plantas, alfombras de materias orgánicas, etcétera, sólo son un complemento.

Hay dos tipos de perturbaciones que no puedes eliminar con un aparato. El primero es el *agujero de radiación* y para atraer a él energías armónicas has de usar plantas, un acuario, obras de arte y hermosos muebles en un decorado con mucho colorido, que lo llenen de vida. Si se trata de un *campo estático*, hay que proscribir también cualquier aparato. Es recomendable evitar estar regularmente sometido a la influencia de tales campos. Con las técnicas aprendidas a lo largo de la iniciación del 2.º grado de Reiki es posible energizar la pieza para destruir un campo estático. También puedes solicitar el concurso de un especialista en *Feng Shui.*[13]

La salud puede ser perturbada bajo la influencia de ondas nocivas

Las causas de tales perturbaciones con frecuencia son radiografías tomadas a personas supersensibles o a personas que estén haciendo un régimen o a vegetarianos. El cuerpo, ya debilitado, sufre entonces un choque energético suplementario en el caso de la radiografía, que repercute en el sistema regulador del organismo. Una radiactividad muy elevada en el entorno natural (Chernobyl, pruebas con armas nucleares, etcétera) tienen casi los mismos efectos. En estos casos pueden ser ayudas eficaces y rápidas un cambio en la alimentación, aplicar remedios homeopáticos adecuados, flores de Bach, Reiki u otros métodos que aporten un rápido mejoramiento. Para completar esta información un consejo: el comer «miso» natural, una preparación japonesa a base de soja, ayuda a combatir los efectos negativos de la radiactividad sobre el hombre.

---

13. El Feng Shui es una técnica antigua china para armonizar, en un nivel energético, los lugares habitados.

Capítulo 8

Instrucciones para el uso de las esferas

En el anexo encontrarás una abundante colección de esferas de péndulo, que te permitirán perfeccionar tus trabajos prácticos. Las tablas de decisión están conectadas con las tablas de selección,[14] para garantizar su utilización sistemática y racional en tu «vida cotidiana de radiestesista».

Cómo utilizar las esferas

¿Tienes una pregunta concreta que formular?, por ejemplo: ¿qué aceite esencial hay que añadir a tu difusor de aromas para facilitar los ejercicios? Para hallar la respuesta debes reportarte a la esfera titulada «aromaterapia» y pedirle al péndulo que te indique el aroma deseado.

Si tienes que trabajar un problema del cual no estás seguro o no tienes ni idea de dónde encontrar una posible solución, lo mejor es utilizar las tablas de elec-

---

14. Llamo «tablas de decisión» a las tablas de péndulo que proporcionan una lista de indicaciones concretas para facilitar la búsqueda en una decisión tuya, bien se trate de perfumes, de los chakras principales o de esencias florales de Bach. Y las «tablas de selección» son las que agrupan varias tablas de decisión que permiten seleccionar, con ayuda del péndulo, la mejor esfera adaptada al tema en cuestión.

ción. Primero tienes que formular una pregunta, por ejemplo: «¿Cómo puedo ser ayudado para solucionar mis problemas en relación con otras personas?» Manipula a continuación el péndulo por encima de la esfera de «selección por grupos» para determinar el grupo de esferas que corresponden a tu tema. Si el resultado de esta primera pregunta es «corrección de errores», no lo ignores, y utiliza esta tabla concienzudamente reflexionando bien en cada información proporcionada por el péndulo. Si éste te indica otro grupo, consulta la esfera de selección que le precede y deja que tu péndulo te enseñe la tabla de decisión correspondiente. Con ésta, podrás ahora encontrar la solución.

Si el péndulo te indica un grupo o una esfera que a primera vista te parezcan inadecuados, no deseches esta información enseguida. A menudo el péndulo intenta comunicarte de este modo algo que no se encuentra directamente en las esferas propuestas. En este caso, interrógate sobre esta información y aunque te parezca improcedente, medítala o haz algo que pueda ayudarte a descifrar la respuesta escondida. Tal vez quieras que tu péndulo te indique un oráculo adecuado en la tabla «indicador de oráculos», uno que sea útil para entender la respuesta del péndulo.

El uso de las esferas detalladas
— con consejos bibliográficos —

Las esferas de péndulo reproducidas en el anexo son muy extensas y se pueden utilizar para muchos temas. En las páginas siguientes he reunido algunas instrucciones que te pueden ser útiles para el uso de cada esfera. Por razones de falta de espacio no es posible explicar más detalladamente los temas de las esferas. Mas para que puedas profundizar tu conocimiento de los sectores que se mencionan, he añadido una gran cantidad de consejos bibliográficos en forma de números. Estos números se refieren a la bibliografía del anexo que he completado con comentarios.

Sobre todo, si quieres entrar profunda y seriamente en un tema para encontrar una solución para ti u otros, es necesario que te informes muy bien sobre el asunto. Eso también aumentará tus capacidades de radiestesista. Desde luego, no he podido cubrir todos los sectores con las esferas expuestas. Si alguna vez quieres trabajar con un tema que no esté representado —o sólo parcialmente— en las tablas disponibles, puedes crear tu propia esfera como ha sido explicado en el capítulo 4.

Nota: ¡No olvides que para un problema de salud es indispensable consultar, según la clase de enfermedad, a un médico, a un naturópata o a un psicoterapeuta! Si tú no eres un profesional de la salud, utiliza sólo las esferas de diagnóstico o de terapia para tu información o para descubrir medios profilácticos. ¡Pero nunca tomes para ti responsabilidades que tu buena conciencia no te permite!

Y ahora, al trabajo.

La esfera de **selección por grupos** te propone un grupo adecuado en el que puedes encontrar una respuesta a tu pregunta. Los resultados pueden llevarte a la esfera de **corrección de errores** que aparecen en cada esfera como una posibilidad a escoger, o en las otras esferas de **selección** que te indican según un tema determinado (por ejemplo: Aromaterapia) una esfera adecuada de **decisión** para la respuesta concreta a una pregunta (por ejemplo: lavanda). La esfera de **corrección de errores** te ofrece las causas más frecuentes de contestaciones erróneas del péndulo. Las posibilidades indicadas me parecen ser lo suficientemente claras, con la excepción de la alternativa «No hay respuesta por el momento». Esta información significa simplemente que una respuesta a esta pregunta de momento no cabe en el sentido del orden cósmico.

Hay situaciones por las que el hombre tiene que pasar de modo tan determinante como sea posible para aprender su autorresponsabilidad y su confianza en la voluntad divina. También puede ser que una respuesta sea nociva en el sentido integral para las personas a las que concierne el asunto.

Las esferas que se refieren a **Salud y Anatomía** se pueden utilizar para determinar una enfermedad o para elegir un elemento central de toma de conciencia o en una terapia.

Las esferas **Vitaminas, Minerales y Oligoelementos** te pueden ayudar a conocer elementos vitales que en un momento determinado te sean necesarios para tu salud o para una sanación.

Con la esfera **Distintas formas de alimentarse** puedes aprender si una determinada forma de alimentarte puedes adaptarla a tus necesidades actuales. Revisa con frecuencia si la información sigue siendo válida, porque no hay una forma de alimentarse que sea adecuada para cada persona y situación. Un régimen apropiado para una ocasión, puede ponerte enfermo si las circunstancias han cambiado. La esfera **Componentes alimentarios** te ayudará a encontrar la orientación de tu alimentación para evitar errores de régimen. La esfera **Alimentos con elevados efectos sanadores** es muy útil en plan farmacia portátil para curar leves enfermedades a través de determinados alimentos. Sin embargo, aquí has de controlar muy bien si los resultados son correctos. La esfera **Calidad energética de los alimentos** te indica cómo puedes elevar de manera fácil y eficaz las vibraciones energéticas de tu alimentación y, por lo tanto, cómo puedes aumentar su calidad. La esfera **Valor pH** te ayuda a elegir alimentos que favorezcan a tu cuerpo para conseguir una relación equilibrada entre acidez y alcalinidad. A veces (¡revisar bien los resultados!) también sirve para determinar la relación actual de acidez y la alcalinidad de tu cuerpo. Con la esfera **Relación Yin-Yang** puedes averiguar la tendencia *Yin* o *Yang* que tiene un alimento en relación a ti, por ejemplo, si tu alimentación es macrobiótica. Las informaciones que te dan los libros sobre este tema naturalmente no pueden ser muy detalladas. Ahora con tu péndulo puedes revisarlo y cargarte con la calidad de energía que te haga falta. Además, con esta tabla puedes averiguar tu estado energético en general. Si eres hombre, tu estado energético debería ser un poco más *Yang*; si eres mujer, debería ser un poco más *Yin*. En caso de divergencias graves puedes contribuir a mantener la salud mediante la alimentación adecuada. Si hay una fuerte orientación de *Yin* o *Yang*, no olvides controlar si puede haber una sobrecarga de radiaciones nocivas (véase capítulo 7). Esta esfera también puede ser útil para determinar las energías de las piedras sanadoras, aromas, energías locales, etcétera. La esfera **Contenido de energía vital** te indica el contenido de energía vital que tiene un determinado alimento. Es muy útil cuando quieres elegir una alimentación lo menos pesada posible y que fortalezca tu salud en todos los dominios. Simplemente, elige para tu alimentación los alimentos con el contenido más elevado de energía vital. También puedes averiguar con esta esfera el contenido actual de energía vital que tiene una persona, para conseguir informaciones sobre su estado de salud.

La esfera **Piedras preciosas** permite elegir piedras sanadoras adecuadas para una terapia. En la esfera **Modo de Aplicación** encuentras la mejor forma de aplicación de estas piedras para un problema específico en un determinado momento. Antes de aplicar una terapia con piedras preciosas, deberías informarte bien sobre el tema. Las piedras sanadoras son muy eficaces pero si se aplican sin profesionalidad, pueden causar muchos trastornos.

En la esfera **Aromaterapia** aparece una lista de aromas para determinadas aplicaciones, bien se trate de un aceite o de una mezcla de aceites esenciales para tu difusor de aromas o de un perfume.

La esfera **Sistemas para canalizar y liberar las energías vitales** te ofrece una elección de métodos para dirigir y liberar las energías vitales, que no sólo sirven para curar bloqueos serios, sino también para fortalecer el desarrollo espiritual. Pon atención en la elección de un terapeuta: es preciso que te sientas seguro con él, que se cree una relación de confianza mutua. De no ser así, la mejor terapia no producirá ningún resultado.

Con la esfera **Terapia de colores** puedes determinar con el péndulo colores y mezclas de colores que sirvan para aumentar tu evolución, para curar o para crear un entorno armónico.

La esfera **Afirmaciones y mantras** sirve para elegir afirmaciones y mantras a fin de aumentar el desarrollo espiritual o para armonizar un determinado problema. La aplicación es muy fácil: Relájate, por ejemplo, escuchando tu respiración, y repite en el pensamiento la afirmación o el mantra mientras te sientas bien con ello. ¡No por más tiempo! Revisa cada tres o cuatro días si el mantra sigue siendo adecuado para ti. Este método es muy activo. No te sorprendas si después de una o dos semanas de meditación con el mantra, de repente «lo ves todo completamente distinto».

Con la esfera **Meditación** puedes elegir una adecuada forma de meditar. Igual que al elegir un terapeuta, aquí también observa si existe una buena relación con tu maestro de meditación para que la misma tenga efectos positivos.

Las esferas **Homeopatía y flores de Bach** sirven para sanar o para aumentar la evolución de la personalidad. En ningún caso debes tomar de estos remedios sin haberte informado muy bien sobre el tema. En caso de duda consulta con un profesional. Para los profanos estas tablas sólo deben ser una posibilidad de autocurar enfermedades de poca importancia.

Las esferas siguientes deben facilitarte el contacto con el complejo sistema de la energía humana. Por ejemplo, con la esfera **Chakras principales** puedes averiguar en cuál de tus chakras principales deberías estar trabajando para aumentar tu evolución, para crear condiciones óptimas para curar una enfermedad o solucionar una falta de armonía en una relación. También puedes averiguar con esta esfera qué chakra captará una determinada energía local, de una piedra sanadora, de un aroma, etcétera.

Si quieres empezar una relación con otra persona, pregunta en qué sector de chakras existe una armonía entre vosotros y en cuál no. Luego, puedes también determinar la fuerza en tanto por ciento de la armonía en cada chakra mediante la esfera **Contenido de energía vital**, con lo que de esta manera recibes una imagen exacta de las posibilidades actuales que existen en esta relación. Pero no olvides que dicha evaluación sólo puede describir un estado actual. Por lo tanto, debes controlar los resultados muy a menudo para completar la imagen. Si tienes un problema en la relación con alguien, con esta esfera puedes averiguar en qué sector de chakra está la verdadera raíz de la falta de armonía. Eso puede ayudar mucho para eliminar malentendidos y para armonizar una relación. Para este tema también consulta la tabla **Simpatía - Antipatía**.

La esfera **Elegir un camino** te da la posibilidad de averiguar con la ayuda del péndulo qué desarrollo de una persona debe favorecerse, es decir, cómo puede manejar una determinada dificultad aparecida en su vida.

Con la esfera **Interpretación de los sueños** puedes entender mejor lo que quiere decir un determinado sueño. Con la esfera **Chakras principales** podrás averiguar cuál es el chakra principal que ha determinado más tu sueño.

La esfera **Oráculos e Indicadores** te ayudará cuando tu péndulo permanezca insensible y necesites de entre las numerosas técnicas adivinatorias para descubrir el oráculo que más armonice con tu *Yo superior*. Esta esfera te indicará cuál es el que mejor te conviene tanto respecto de la pregunta hecha como para tu propia personalidad.

Las esferas que se refieren a **Relaciones y Pareja** te dan muchas posibilidades para tratar tus relaciones con más armonía. Con la esfera **Simpatía-Antipatía** puedes averiguar las corrientes de antipatía o simpatía entre dos personas o incluso dentro de un grupo. Pregunta, por ejemplo, cuál es el grado actual de simpatía entre los miembros de una asociación determinada. Si la respuesta es de un diez por ciento puedes estar seguro de que en esta asociación no hay falta de problemas. Lo mismo puedes preguntar para el personal de una empresa, los vecinos de una vivienda, una clase escolar, etc. Si has determinado el valor general y quieres profundizar la información, puedes revisar la energía de cada chakra principal en su valor de simpatía. Por ejemplo: «¿Qué grado de simpatía actual se da entre los miembros de una asociación determinada, medido con referencia a la energía del primer chakra?» Así recibes una perspectiva completa y serás capaz de separar los sectores de relación armónicos que pueden aumentarse de los inarmónicos que hay que discutir para debilitarlos. Naturalmente, este proceso puede aplicarse para dos personas. La esfera **Tema de la relación** propone varias soluciones a nivel de relación. La tabla **Resolver dificultades de relación** te da consejos para resolver dificultades en una relación. Lee también el próximo párrafo que aborda la actitud frente al dinero, ya que a menudo éste genera diferentes problemas de relación.

El dinero, por cuyo canal sus energías son captadas por quien lo recibe, es también un mensajero energético. Puede ser que lo dé con alegría y con conocimiento de causa o que tenga dificultades con el proceso creativo de cambio energético llamado la vida.

Con las esferas **Dinero, Profesión y Posesión** se puede averiguar cómo alguien puede manejar constructivamente las situaciones inarmónicas en la vida profesional. Para completar esta información también puedes consultar la esfera **Chakras principales** para averiguar qué chakras tienen algo que ver con estas dificultades, mientras que con la tabla **Simpatía-Antipatía** puedes investigar perturbaciones en las relaciones con clientes o colegas de profesión.

¡Cualquiera puede aprender el manejo armónico y amable enfrentados a nuestros bienes! En la esfera **Posesión** puedes encontrar indicaciones para dar los primeros pasos en esta cuestión. Muchas personas tienen dificultades con el dinero, sea porque piensan que no tienen suficiente, o temen perderlo o confunden el «tener mucho dinero» o «tener poco dinero» con el «ser feliz» o «ser infeliz». Para que cada cual pueda asumir sus procesos de aprendizaje y la evolución que le son impuestos, y para que sea feliz, es necesario una cierta cantidad de recursos monetarios. Pero si tenemos demasiados el aprendizaje se ve dificultado por este exceso. Si, por el contrario, falta dinero, también falta la facultad de aprender. Con la esfera **Solucionar problemas con el dinero** podrás, en este dominio, ver un poco más claro.

¡Eso es todo! Te deseo de corazón que disfrutes con el péndulo y tengas mucho amor en tu camino.

Bibliografía comentada

En esta lista encontrarás obras muy interesantes que se refieren a los temas mencionados en este libro. Si los lees, te darás cuenta de que no siempre está representada la misma opinión que tengo yo. Eso está bien. Desde mi punto de vista no hay opiniones «correctas» para cualquier persona y en cualquier circunstancia. Cada uno tiene que encontrar y seguir su propio camino, porque cada persona es absolutamente única. Son muy importantes los impulsos mentales y emocionales de otras personas, pero nunca pueden ser otra cosa que ayudas y no pueden sustituir a los esfuerzos de encontrar un propio punto de vista «correcto».

En este sentido, ocúpate de mis tesis que he pensado bien y revisado según mis experiencias, y trabájalas y haz lo mismo con los puntos de vista que tienen otros prácticos serios. De ser así, con el tiempo encontrarás tu propio camino. ¡Que te diviertas!

I. Tema: Anatomía y Salud

1) *Wie funktioniert das? Gesund sein und fit bleiben* y *Wie funktioniert das? Der Mensch und seine Krankheiten* de Meyers Lexikonverlag; y *Symbols-prache der Krankheit* de Baginski/ Sharamon, Windpferdverlag.

Tres libros excelentes con informaciones sobre la salud, la enfermedad, la psicosomática y todo lo referente a estos temas.

II. Tema: Oráculo

2) *Orakel* de Bettina Tegtmeier, Heyne Verlag.
Cincuenta técnicas para preguntar por el destino, presentado correctamente y de un modo conciso; con anotaciones críticas donde haga falta. Muy práctico para principantes y avanzados.

3) *Karten der Kraft* de Sams/ Carson, Windpferd Verlag.
Un oráculo basado en la tradición indiana/shamanista que es muy simple, pero sin embargo muy profundo. También adecuado para principiantes. Interesante y romántico. Sobre todo da una interpretación sensible e imaginativa de las calidades de las energías sutiles.

4) *Mit Liebe im Herzen* de Günter Griebl, Theta Rebirthing.
No es un oráculo en el sentido propio del término, pero en determinados sectores está bien como espejo de las partes no salvadas, no amadas de tu personalidad. ¡Míratelo!

5) *Runen* de Ralph Blum, Hugendubel Verlag.
Un oráculo muy interesante que me parece ser muy útil para determinar los lugares espirituales.

6) *Das Runen Handbuch* de Reinhad Florek, Wind-pferd Verlag.

Explica los significados de las runas. Contiene ejercicios corporales para utilizar la energía de las runas para aumentar la salud y el crecimiento de la personalidad; mudras de runas (maneras de tener la mano para movilizar determinadas energías sutiles, etc. ¡Muy interesante!

7) *Das Arbeitsbuch zum I Ching* de R.L.Wing, Diedrichs Verlag.

La autora presenta el viejo libro chino de sabiduría y de oráculo de manera moderna, simple y comprensible incluso para el profano.

8) *I Ching - Das Buch der Wandlungen* de Richard Wilhelm, Diederichs Verlag.

Probablemente la traducción más competente y completa del I Ching. ¡Hace falta adiestramiento pero vale la pena!

9) *Das Chakrenorakel* de Walter Lübeck, Wind-pferd Verlag.

Una interpretación completamente novedosa del I Ching, fácil de entender, aunque sin embargo deja claro que es la esencia del oráculo. Contiene ejercicios prácticos, meditaciones sanadoras y sistemas de preguntas sobre el desarrollo de la personalidad y el conocimiento de sí mismo. Todo esto está muy bien explicado en el libro, sobre todo cuando se desarrollan los hexagramas.

10) *Das Tarot-Handbuch* de Hajo Banzhaf, Hugen-dubel Verlag.

Es una introducción completa y sencilla de com-prender en el oráculo con Tarot. Muy aconsejable para principiantes y avanzados.

11) *OH-Karten*, venta en Alemania: Moritz Eget-meyer, Kirchzarten.

Es una forma de «oráculo de emociones». Para con-testar a una pregunta se eligen algunas cartas de un mazo de naipes con imágenes y palabras por el princi-pio de la casualidad. La respuesta suele ser tan acertada que la persona que hace la pregunta dice «¡Oh-Ah!», y de aquí le viene el nombre. Es muy adecuado para encontrar e interpretar energías emocionales que estén bloqueadas.

12) *Namen - Das ausgesprochene Geheimnis* de An-gelika Hoefler, Windpferd Verlag.

Es un libro sobre la cábala práctica. La autora se ocupa del tema desde hace muchos años y lo presenta de manera comprensible, completa y adecuada.

13) *Das Mysterium der Zahl* de F.C. Endres y A. Schimmel, Diedrichs Verlag.

Explica el contexto tan interesante de los números y la numerología. Está muy bien para entender por qué determinados números tienen determinados signi-ficados.

III. Tema: El Péndulo y la Radiestesia

14) *Pendeln* de Anton Stangl, Econ Verlag.

Es un libro práctico de un autor experimentado sobre el uso del péndulo y la radiestesia. Contiene muchas tablas de péndulo con explicaciones detalladas.

15) *Erdstrahlen* de Willi H. Grün, Ullstein Verlag.

El autor ha escrito un gran número de libros sobre temas muy variados. La mayoría de ellos vale la pena leerlos, sobre todo éste. Da informaciones detalladas acerca del tema radiestesia. No es tan adecuado para la práctica sino más bien para completar el conocimiento básico.

16) *Pendel und Wünschelrute: Radioästhesie* de Tom Graves, Goldmann Verlag.

Contiene un buen número de impulsos e informaciones interesantes para las excursiones propias. Me ha ayudado muchas veces.

17) *Symphonie der Lebenskräfte* de Paul Schmidt, Eigenverlag der Rayonex Strahlentechnik GmbH en Lennestadt (Alemania).

El autor ha inventado muchas cosas en todo el sector de la radiestesia que funcionan muy bien, y muchas de ellas las produce él mismo. Este libro se refiere esencialmente a su programa de venta, pero, sin embargo, vale la pena leerlo porque contiene muchas informaciones y explicaciones sobre las energías sutiles y el manejo de las mismas.

18) *Strahlungsfeld* de John Davidson, Knaur Verlag.
Un viaje interesante con orientación científica al mundo de las energías sutiles. En muchos aspectos contiene lo más nuevo de la investigación científica respecto de la radiestesia.

IV. Tema: Los colores

19) *Goethe - Farbenlehre* de J. Pawlik, DuMont Dokumente.
Es el libro clásico de la enseñanza de los colores. Muchos autores modernos lo utilizan como fuente.

20) *Die persönliche Magie der Farben* de C. Ray, Edition Tramontana.
Es un libro completo sobre los colores, escrito de manera interesante y variada. También explica muchas aplicaciones para curar.

21) *Kunst der Farbe* de J. Itten, Otto Maier Verlag, Studienausgabe.
El autor es uno de los más sabios estudiosos de los colores, que vive en la actualidad. Escribe con mucha sabiduría e inteligencia sobre la enseñanza de los colores. El libro es una obra básica con excelentes tablas de color.

22) *Das Farben-Heilbuch* de W. M. Hulke, Windpferd Verlag.
Es un libro práctico sobre el tratamiento de los colores, sus efectos sobre las personas, aplicaciones sanadoras y relaciones con el sistema de energía sutil.

23) *Die Geheimnisse der Farben* de Alex Jones, Windpferd Verlag.
Explica los efectos psicológicos y espirituales de los colores, la enseñanza sobre los tipos de personalidad de colores y muchas posibilidades de curar el cuerpo, el espíritu y el alma con los colores.

V. Tema: Los chakras y el sistema de energía sutil

24) *Das Chakra-Handbuch* de Bodo Baginski y Shalila Sharamon, Windpferd Verlag.
Una obra excelente para ocuparse de la enseñanza de los chakras de manera profunda y práctica, escrito con fluidez, de modo interesante y comprensible. Contiene muchas listas de coordinación y ejercicios. Además, de los mismos autores se incluye una cinta musical sobre la «Chakra-Meditation» con un folleto de explicaciones, también publicado por Windpferd. ¡Muy interesantes ambas cosas!

25) *Fahrplan durch die Chakren* de Klausbernd Vollmar, Rowohlt Verlag.
Muy buenas descripciones de los centros energéticos y muchos impulsos mentales y emocionales hacen de este libro un acompañante importante para tu camino.

26) *Innere Brücken* de F. F. Smith, Transform Verlag.
Contiene informaciones y temas importantes sobre el sistema humano de energía que normalmente no se describen tan bien para el profano.

27) *Der feinstoffliche Körper* de J. Mann/L. Short, Windpferd Verlag.

Es una presentación completa y detallada del sistema de energía sutil que tiene el hombre en las diversas tradiciones (Budismo, Hinduísmo, Taoísmo etc.).

28) *Das Aura-Heilbuch* de Walter Lübeck, Windpferd Verlag.

Explicaciones paso a paso para aprender la percepción sutil-energética hasta leer e interpretar las auras de color y los chakras. Con explicaciones del sistema humano de energía, de los chakras principales y secundarios, los meridianos, etcétera.

29) *Die heilende Kraft der Emotionen* del Dr. John Diamond, Verlag für angewandte Kinesiologie.

No es exactamente chino, pero es un tratado de la kinesiología con referencias al sistema de los meridianos. Hay coordinaciones interesantes, por ejemplo, a las energías emocionales, y métodos prácticos del estado de los meridianos y también posibilidades de armonización.

30) *Traditionelle Akupunktur: Das Gesetz der fünf Elemente* de D. M. Conelly, Verlag Anna Christa Endrich.

Una explicación excelente sobre el sistema chino de los Cinco Elementos.

31) *Lehrbuch de modernen und klassischen Akupunktur* de Schrecke/Wertsch, WBV.
Una obra detallada sobre la teoría y la práctica de la acupuntura.

32) *Tao Yoga* de Mantak Chia, Ansata Verlag.
Una introducción al antiquísimo sistema del Tao Yoga, con muchos ejercicios e informaciones sobre el sistema interior de energía.

VI. Tema: La alimentación

33) *Harmonische Ernährung* del Dr. D. Ottfried Weise, Smaragdina Verlag.
Es un libro sobre la alimentación con alimentos frescos y otras clases de regímenes. No está escrita de manera dogmática, cosa que sucede pocas veces en este sector de alimentación, y también está abierto para los límites de esta forma de alimentarse. Hay muchas recomendaciones bibliográficas. ¡Vale la pena!

34) *Unsere Nahrung - unser Schicksal* del Dr. M. O. Bruker, Bioverlag Gesundleben.
Es un libro sobre el tema del «Dios» de la alimentación integral.

35) *Chinesische Heilkunde in unserer Ernährung* del Dr. G. Fisch.
Es un tratado completo de la alimentación tradicional china. Un punto contrario interesante y una añadidura importante a la macrobiótica.

36) *Das grosse Buch de makrobiotischen Ernährung und Lebensweise* de Aveline y Michio Kushi, Ost-West Bund.

Una introducción a la macrobiótica.

37) *Das Ayurveda-Kochbuch* y *Die Grundlagen ayurvedischer Kochkunst* de H. Johari, Windpferd Verlag.

Descripciones de la teoría y la práctica de la antigua «cocina de salud» de la India.

38) *Vitamine-Mineralstoffe-Spurenelemente* del Dr. Harald Ziegler, Germa PressVerlag.

Informaciones muy completas y bastante actuales sobre los temas vitaminas, minerales y oligoelementos.

VII. Tema: Terapias alternativas

39) *Mit den Sternen zur richtigen Therapie* de Roman Kess, Knaur Verlag.

A mí no me convence mucho la coordinación de métodos terapéuticos a los signos astrológicos. Sin embargo, este libro ofrece muchas cosas en otros sectores porque da una información actual y amplia sobre las terapias alternativas existentes. A veces las exposiciones son poco exactas; no obstante, el libro es interesante e importante. Que yo sepa, de momento no hay nada comparable en este sector.

40) *Edelsteine und Sternzeichen* de B.Baginski y S. Sharamon, Windpferd Verlag.

No son sólo coordinaciones astrológicas sino también efectos sanadores que tienen las piedras preciosas, maneras de aplicación, lugares de encuentro, indicaciones bibliográficas, etc. Encantará a los amigos de las piedras preciosas.

41) *Heilende Edelsteine* de Reinhard Florek, Windpferd Verlag.

Informaciones completas sobre muchas piedras preciosas y su uso para curar el cuerpo, el alma y el espíritu.

42) *Heile Dich selbst mit Bachblueten* del Dr. E. Bach/ J. E. Petersen, Knaur Verlag.

Es una exposición de los aspectos terapéuticos de todas las flores de Bach con un repertorio corto pero exquisito (un breve compendio de síntomas de las esencias florales) y las opiniones del doctor Bach sobre la enfermedad, la salud y la curación.

43) *Die Perelandra-Blütenessenzen* de M. Small Wright, Knaur Verlag.

Descripciones respecto a la aplicación de esencias que se descubrieron recientemente en Estados Unidos y que sirven para complementar el repertorio de las flores de Bach. Contiene muchas informaciones importantes sobre la aplicación y la fabricación de esencias florales en general.

44) *Handbuch der kalifornischen Blütentherapie* de B. Luetgebrune, Windpferd Verlag.

Una descripción completa de las esencias florales que se han descubierto en California, y que en Alemania también son cada día más populares.

45) *Das grosse Handbuch der Homöopathie* de Eric Meyer (Editor), Ariston Verlag.

Es una introducción a la homeopatía con amplias sugerencias para tener una farmacia personal además de informaciones sobre la prevención natural de las enfermedades y las causas que las producen.

46) *Medizin der Zukunft* de Georges Vithoulkas, Georg Wenderoth Verlag.

Es una introducción fácil para la homeopatía, con algunas exposiciones sobre los síntomas psíquicos. El autor es una de las mentes más importantes en el sector de la homeopatía y trata este arte maravilloso de curar con terapia y diagnosis de manera integral.

47) *Der praktische Homöopath* de Wilhelm Eichsteller, G. E. SchroederVerlag.

Importantes síntomas orientativos en la práctica homeopática. Es imprescindible para consultar y controlar resultados adquiridos con el péndulo.

48) *Homöopatisches Repetitorium* de la DHU (Unión alemana de la homeopatía).

Una colección bastante amplia sobre los cuadros de estas medicinas. En Alemania facilitan gratis estas listas en las farmacias.

49) *Die Biochemie nach Dr. Schüssler*, editado por la DHU.

Un folleto informativo sobre la «homeopatía abreviada» de Schüssler que es lo bastante completo para el botiquín del hogar.

50) *Das Buch der ganzheitlichen Gesundheit*, editado por el Berkeley Holistic Health Center, Knaur Verlag.
Exposiciones detalladas de métodos nuevos y antiguos de terapia y diagnosis. ¡Muy aconsejable!

51) Das Aromatherapie-Heilbuch de R.Tisserand, Windpferd Verlag.
Cómo los olores pueden curar. Informaciones básicas sobre la aromaterapia con ejemplos para aplicarla y con recetas.

52) *Verzauberte Düfte* de M. Jünemann, Windpferd Verlag.
Consecuencias psíquicas de la aromaterapia y mucha información interesante alrededor de este tema.

53) *Reiki - Der Weg des Herzens* de W. Lübeck, Windpferd Verlag.
Sobre qué es Reiki, qué efectos tiene y cómo puedes hacer de ello tu camino de vida individual.

54) *Das Reiki-Hanbuch* de Walter Lübeck, Windpferd Verlag.
Aplicaciones prácticas de Reiki, con descripciones detalladas, y complementado con informaciones básicas del sistema energético, los efectos que tiene el Reiki sobre el cuerpo, el alma y el espíritu, etc.

55) *Reiki* de Brigitte Müller/H. Günter, Ediciones Obelisco.
Explicaciones e informaciones amplias sobre este sendero de vida.

56) *Yu Sen - Sprudelnder Quell* de Wilfried Rappe-
necker, SSG Verlag.

Un libro excelente sobre la aplicación de la práctica de Shiatsu. También es aconsejable para todos los
que se interesan por los meridianos y trabajos similares con energía.

VIII. Tema: El crecimiento espiritual

57) *Die zensationellen Abenteuer des Pilger Mu* de
Alex Ignatius, Windpferd Verlag.

Este cómic, junto con los otros dos sobre las aven-
turas del peregrino Mu, son muy importantes para tu
«biblioteca iluminadora». ¡Son cómics, pero especiales!

58) *Wasser ist stärker als Stein* de Lao Tsé / A. Ignatius, Windpferd Verlag.

Es el viejo libro chino de sabiduría, Tao Te King,
en una edición moderna. Da muchos impulsos de desarrollo para toda clase de ocasiones.

59) *Einverstanden sein* de Baginsky/Sharamon,
Windpferd Verlag.

Un libro importante que resume reconocimientos
esenciales de manera comprensible, reconocimientos que ayudan para el desarrollo espiritual.

IX. Tema: Relaciones personales

60) *Das Mann/Frau Buch* de Ron Smothermon, Context Verlag.

Qué razones causan los problemas entre hombre y mujer y cómo se pueden resolver.

61) *Lebendige Beziehungen* de Frank Natale, Simon und Leutner Verlag.

Un excelente manual con el cual realmente puedes aprender, paso a paso, cómo tener más suerte y las posibilidades de desarrollo en tus relaciones.

Las esferas
(tablas de péndulo)

Tabla 1
Selección por grupos

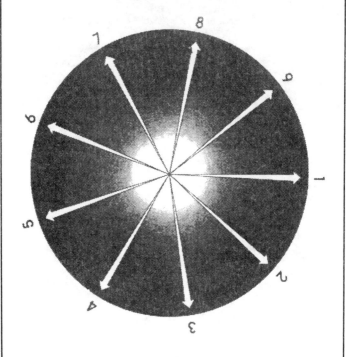

1. Corrección de errores
2. Salud y anatomía
3. Trabajo energético
4. Alimentación
5. Relaciones y pareja
6. Evolución espiritual y autoconocimiento
7. Dinero, profesión y posesión
8. Homeopatía y flores de Bach
9. Tu propia tabla de péndulo

Corrección de errores

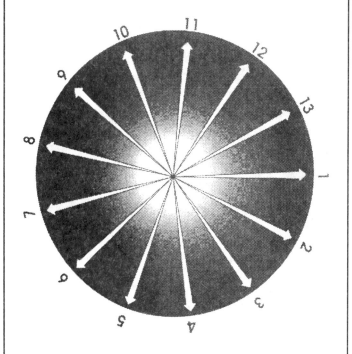

1. Influencias perturbadoras externas
2. Ausencia de confianza
3. Prejuicios
4. Falta de interés real
5. La respuesta no está aquí
6. Orgullo
7. Incompetencia
8. Falta de concentración
9. Fatiga
10. Influencia mágica negativa
11. Respetar la intimidad de otros
12. No hay respuesta por el momento
13. Error

Salud y anatomía
Esfera de selección

Los órganos internos
Salud y anatomía - 2ª esfera

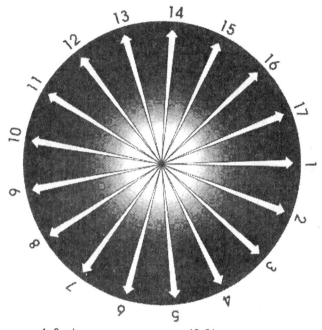

1. Cerebro
2. Médula espinal
3. Columna vertebral
4. Pulmones
5. Corazón
6. Riñones
7. Vesícula biliar
8. Error
9. Estómago

10. Páncreas
11. Bazo
12. Vejiga
13. Órganos sexuales
14. Intestino grueso
15. Intestino delgado
16. Duodeno
17. Error

Las glándulas
Salud y anatomía - 3ª esfera

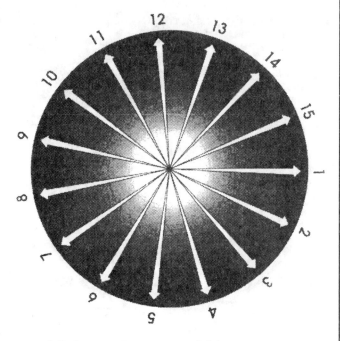

1. Estómago
2. Intestino (excretor)
3. Intestino (endocrino)
4. Hígado
5. Tiroides
6. Paratiroides
7. Glándulas suprarrenales
8. Pulmones
9. Glándulas salivares
10. Timo
11. Páncreas
12. Glándula pineal
13. Hipófisis
14. Error
15. Error

La columna vertebral
Salud y anatomía - 4ª esfera

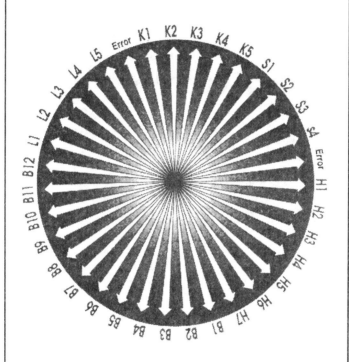

H1-7 Vértebras cervicales 1, 2, 3, 4, 5, 6, 7
B1-12 Vértebras dorsales 1, 2, 3, 4, 5, 6, 7, 8, 9,10, 11, 12
L1-5 Vértebras lumbares 1, 2, 3, 4, 5
K1-5 Vértebras dorsales 1, 2, 3, 4, 5
S1-4 Vértebras coccianas 1, 2, 3, 4

Causas de enfermedad
Salud y anatomía - 5ª esfera

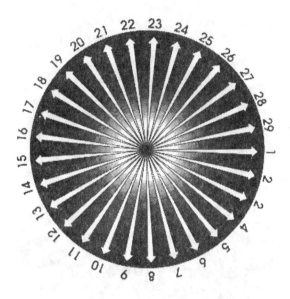

1. Radiaciones terrestres
2. Radiaciones nocivas de origen técnico
3. Cicatrices
4. Columna vertebral
5. Dientes
6. Actitud inarmónica
7. Ausencia de elementos vitales
8. Falta de agua
9. Agua abundante
10. Falta de actividad física
11. Falta de actividad mental
12. Falta de actividad emocional
13. Otros focos
14. Falta de capacidad de desintoxicación

15. Falta de receptividad
16. Mala nutrición
17. Radiactividad
18. Infección crónica
19. Karma
20. Fatiga psíquica
21. Fatiga mental
22. Fatiga emocional
23. Inarmonía geobiológica
24. Inarmonía de relación
25. Bloqueo de los chakras
26. Bloqueo de los meridianos
27. Obsesión
28. Drogas
29. Errores

Alimentación
Esfera de selección

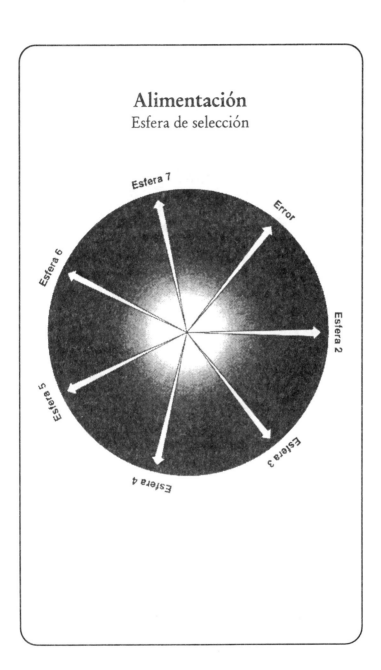

Las vitaminas
Alimentación - 2ª esfera

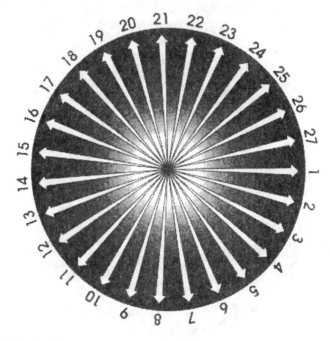

1. A o Retinol
2. D o Calciferol
3. E o Tocoferol
4. K o Fitometadiona
5. B_1 o Tiamina
6. B_2 o Riboflavina
7. B_3 o PP o Ácido nicotinamida
8. B_6 o Piridoxina
9. B_5 o Ácido pantoteico

10. H o Biotine
11. B_9 o Ácido fólico
12. B_{12} o Cobalamina
13. Mionosita
14. Colina
15. PABS
16. C o Ácido ascórbico
17. B_{13}
18. B_{15}

19. B_{17}
20. Ácido lipoico
21. Bioflavonoides
22. Carnitina
23. F o Ácidos grasos esenciales
24. Ubichinones
25. Lecitina
26. P o Antocianes
27. Error

Minerales y oligoelementos
Alimentación - 3ª esfera

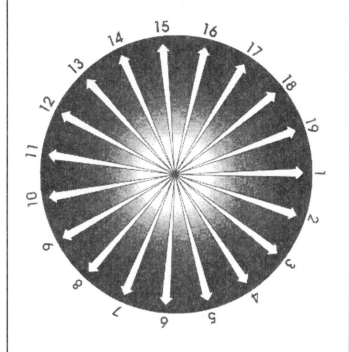

1. Hierro	10. Silicio
2. Flúor	11. Plata
3. Magnesio	12. Oro
4. Cobre	13. Litio
5. Calcio	14. Zinc
6. Potasio	15. Níquel
7. Cobalto	16. Plomo
8. Yodo	17. Aluminio
9. Boro	18. Estaño
	19. Error

Distintas formas de alimentación
Alimentación - 4ª esfera

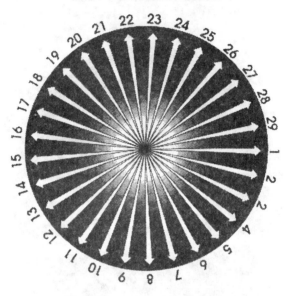

1. Macrobiótica
2. Alimentación separativa según Hay
3. Alimentación a base de productos frescos
4. Fir-for-Life
5. Alimentación completa según Bruker
6. Alimentación intuitiva
7. Régimen de estrellas de Hollywood
8. Alimentación vegetariana ovo-láctica
9. Alimentación vegetariana
10. Alimentación mixta
11. Aumento de cantidad de carne
12. Reducción de la cantidad de carne
13. Aumento de productos frescos
14. Reducción de productos frescos
15. Régimen ayurvédico
16. Régimen de desadificación
17. Reducción de azúcar
18. Reducción de sal
19. Reducción de productos desnaturalizados
20. Ayuno
21. Cura según Mayr
22. Régimen según Waerland
23. Cura con suero de leche
24. Comer demasiado
25. Comer menos
26. Beber más
27. Beber menos
28. Cura con frutas
29. Error

Composición de los alimentos
Alimentación - 5ª esfera

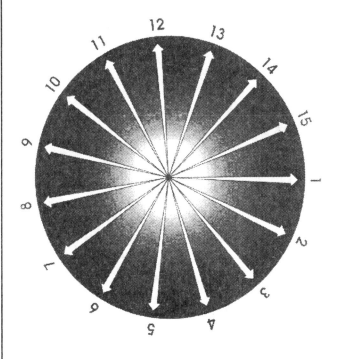

1. Prótidos o proteínas
2. Glúcidos o hidratos de carbono
3. Lípidos o cuerpos grasos
4. Minerales y oligoelementos
5. Vitaminas
6. Enzimas
7. Sustancias de lastre
8. Energía vital
9. Agua
10. Clorofila
11. Sal
12. Elementos ácidos
13. Elementos de base
14. Aromas
15. Error

Mejoramiento de la calidad energética de la alimentación

Alimentación - 6ª esfera

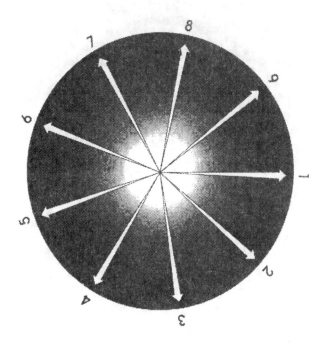

1. Energía de las piedras preciosas
2. Reiki
3. Energía de la pirámide
4. Energía vital propia
5. Energía de los colores
6. Filtros de color
7. Bendecir
8. Agradecer
9. Error

Alimentos con efecto sanador
Alimentación - 7ª esfera

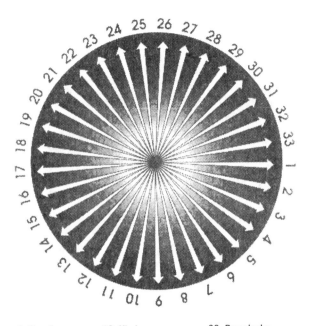

1. Gengibre	12. Kiwi	23. Remolacha
2. Ajo	13. Sandía	24. Aguacate
3. Cebolla	14. Uva	25. Ghee
4. Col	15. Plátano	26. Miso
5. Patata	16. Germen de trigo	27. Ciruelas umeboshi
6. Tupinamba	17. Alfalfa	28. Gomasio
7. Ñame	18. Ciruela	29. Agua hervida
8. Piña	19. Choucroute	30. Miel natural
9. Mango	20. Apio	31. Leche de burra
10. Papaya	21. Lechuga	32. Agua mineral
11. Fresa	22. Diente de león	33. Error

Valor de Ph

Tabla complementaria A

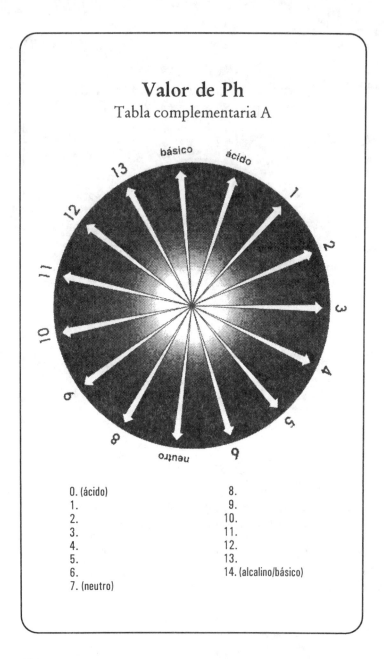

0. (ácido)
1.
2.
3.
4.
5.
6.
7. (neutro)

8.
9.
10.
11.
12.
13.
14. (alcalino/básico)

Relación Yin-Yang
Tabla suplementaria B

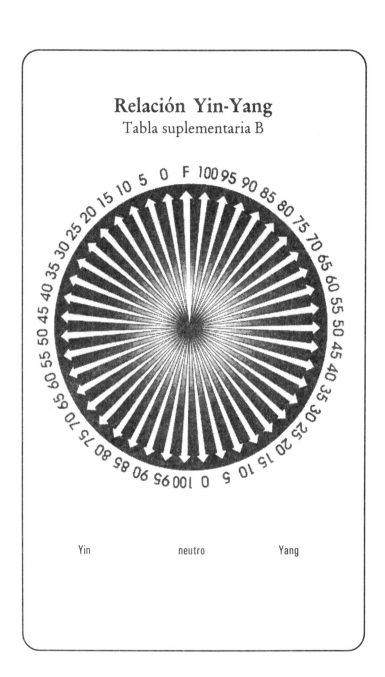

Yin   neutro   Yang

El trabajo energético
Esfera de selección

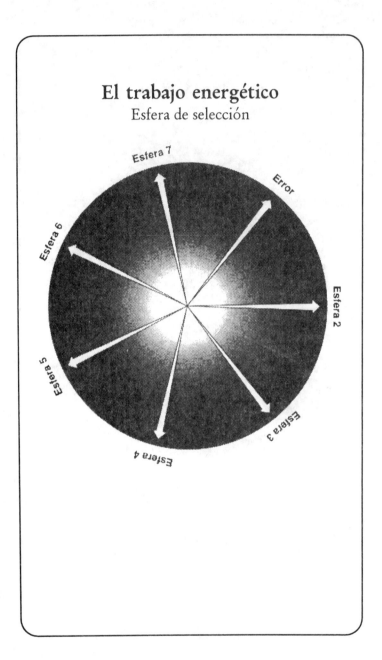

Las piedras preciosas
Trabajo energético - 2ª esfera

1. Ágata	14. Cameola	27. Rodocrosita
2. Amatista	15. Coral	28. Rubí
3. Aguamarina	16. Cuncita	29. Zafiro
4. Aventurina	17. Lapislázuli	30. Selenita
5. Azurita	18. Malaquita	31. Esmeralda
6. Cristal de roca	19. Piedra lunar	32. Sodalita
7. Ámbar	20. Ágate de musgo	33. Sugilita
8. Calcedonia	21. Obsidiana	34. Ojo de tigre
9. Crisolita	22. Ópalo	35. Topacio
10. Diamante	23. Peridoto	36. Turquesa
11. Hemaitita	24. Perla	37. Turmalina
12. Jade	25. Cuarzo ahumado	38. Citrina
13. Jaspe	26. Cuarzo rosa	39. Error

Modo de aplicación
Tabla suplementaria A

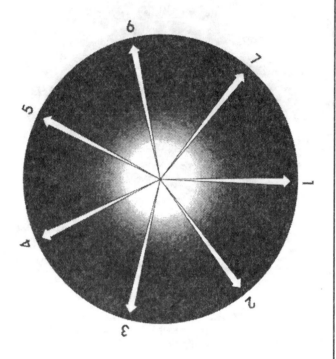

1. Aplicación local
2. Meditación sobre las piedras preciosas
3. Encontrar modelos de curación
4. Esencia de piedras preciosas
5. Llevar la piedra sobre el cuerpo
6. Toma de contacto
7. Error

Aromaterapia /Aceites esenciales

Trabajo energético - 3ª esfera

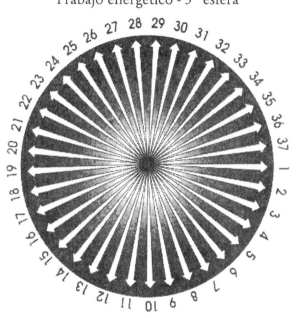

1. Basílico	13. Lavanda	25. Menta
2. Benjuí	14. Limón	26. Pino
3. Bergamota	15. Melisa	27. Salvia
4. Cajeput	16. Hierbabuena	28. Sándalo
5. Manzanilla	17. Salvia esclerosa	29. Sasafrás
6. Cardamomo	18. Mirra	30. Enebro
7. Hierba Luisa	19. Esencia de azahar	31. Incienso
8. Eucalipto	20. Naranja	32. Ilang-ilang
9. Gálbano	21. Orégano	33. Madera de cedro
10. Geranio	22. Palmarrosa	34. Cembro
11. Jazmín	23. Pachulí	35. Limón
12. Comino	24. Pimienta	36. Ciprés
		37. Error

Métodos para canalizar y liberar las energías vitales

Trabajo energético - 4ª esfera

1. Técnica de Alexander
2. Acupuntura
3. Psicoterapia analítica
4. Terapia de la respiración
5. Entrenamiento autógeno
6. Danza del vientre
7. Bioenergía
8. Energía Core
9. Eutonía
10. Terapia familiar
11. Ayuno
12. Feldenkrais
13. Andar sobre fuego
14. Masaje en zonas reflejas de los pies

15. Terapia Gestalt
16. Homeopatía
17. Huna
18. Terapia de hipnosis
19. Jin Shin Do
20. Artes marciales
21. Kinesiología
22. Pintura meditativa
23. Método metamórfico
24. Canto de armónicos
25. Palridad
26. Terapia primaria
27. Psicodrama
28. Integración postural
29. Qi Gong

30. Rebalance
31. Rebirthing
32. Trabajo corporal según Reich
33. Reiki
34. Terapia por la reencarnación
35. Scanterapia
36. Shiatsu
37. Alquimia de las plantas
38. Tai Chi Chuan
39. Tantra
40. Terapia triádica
41. Yoga
42. Deporte
43. Error

Terapia por los colores
Trabajo energético - 5ª esfera

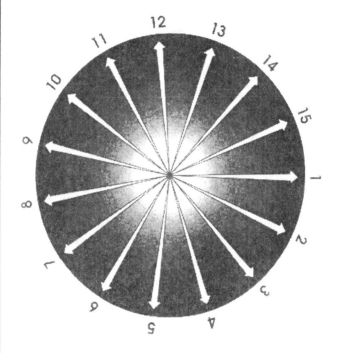

1. Rojo	8. Negro
2. Naranja	9. Blanco
3. Amarillo	10. Plateado
4. Verde	11. Dorado
5. Azul	12. Pardo
6. Índigo	13. Gris
7. Violeta	14. Rosa
	15. Error

Afirmaciones y mantras
Trabajo energético - 6ª esfera

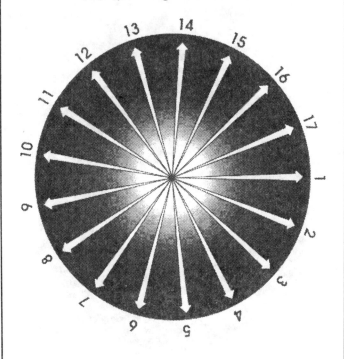

1. Me quiero como soy
2. Me gusta dar y recibir
3. Soy un ser luminoso, creado por Dios
4. OM
5. Amén
6. Namu Amida Butsu
7. MU
8. Me dejo llevar libremente por la corriente de la vida
9. Vivo en el Aquí y Ahora
10. Jesús
11. Sol
12. Luna
13. OM pani padme hum
14. OM namah shivaya
15. Estoy profundamente unido a todo
16. Recibo lo que me falta en su momento
17. Error

Meditación
Trabajo energético - 7ª esfera

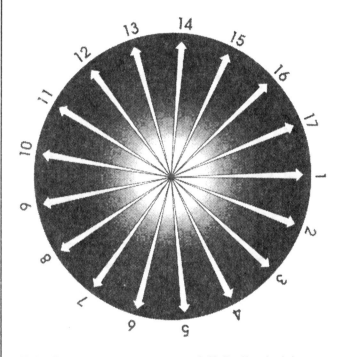

1. Meditación sobre los chakras
2. Meditación sobre los tres rayos
3. Meditación sobre la oscuridad
4. Meditación dinámica
5. Meditación sobre las piedras preciosas
6. Kirtan
7. Meditación sobre la kundalini
8. Meditación Latihan

9. Meditación sobre la luz
10. Meditación sobre un mandala
11. Meditacion sobre un meridiano
12. Nadabrahma
13. Meditación sobre runas
14. Meditación trascendental
15. Vipassana
16. Zazen
17. Error

Homeopatía y Flores de Bach
Esfera de selección

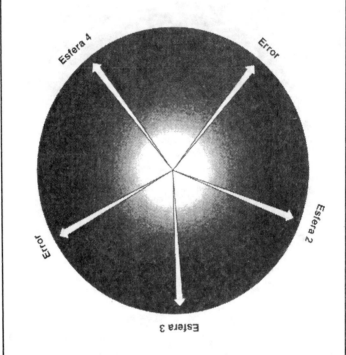

Esenciales florales de Bach

Homeopatía y Flores de Bach - 2ª esfera

1. Rock Rose	15. Olive	29. Sweet Chestnut
2. Mimulus	16. White Chestnut	30. Star of Bethléem
3. Cherry Plum	17. Mustard	31. Willow
4. Aspen	18. Chestnud But	32. Oak
5. Red Chestnut	19. Water Violet	33. Crab Apple
6. Cerato	20. Impatiens	34. Chicory
7. Scleranthus	21. Heather	35. Vervain
8. Gentian	22. Agrimony	36. Vine
9. Gorse	23. Centaury	37. Beech
10. Hombeam	24. Walnut	38. Rock Water
11. Wild Oat	25. Holly	39. Rescue Remedy
12. Clematis	26. Larch	40. Esencias californianas
13. Honeysuckle	27. Pine	41. Esencias Perelandra
14. Wild Rose	28. Elm	42. Esencias de piedras preciosas
		43. Error

Sales de Schüssler

Homeopatía y Flores de Bach - 3ª esfera

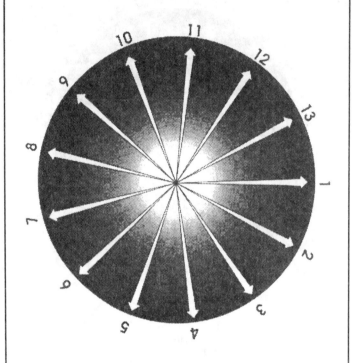

1. Ferrum phosphoricum
2. Kali phosphoricum
3. Natrum phosphoricum
4. Calcium phosphoricum
5. Magnesium phosphoricum
6. Kali sulfuricum

7. Natrum sulfuricum
8. Kali chloratum
9. Silicea
10. Natrum muriaticum
11. Calcium sulfuricum
12. Calcium sulfuricum
13. Error

La farmacia casera homeopática

Homeopatía y Flores de Bach - 4ª esfera

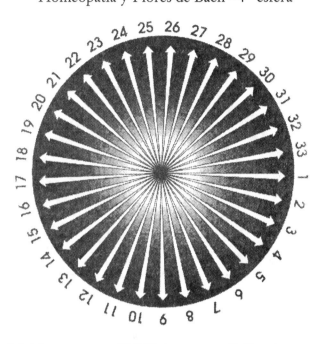

1. Acónitum	12. Celidonium	23. Mercurio
2. Apis	13. Cimicífuga	24. Nux vómica
3. Arnica	14. Clematis	25. Pulsatilla
4. Avena sativa	15. Coffea	26. Rhus toxicodendron
5. Belladona	16. Crataegus	27. Selenium
6. Brionia	17. Drosera	28. Sepia
7. Cactus	18. Echinacea	29. Spigelia
8. Cantaris	19. Gelsemium	30. Sulfur
9. Carbono vegetalis	20. Ipecacuana	31. Veratrum album
10. Chorophyllum	21. Lachesis	32. Zincum metalicum
11. Camomila	22. Ledrum palustre	33. Error

Esfera complementaria A
Homeopatía y Flores de Bach

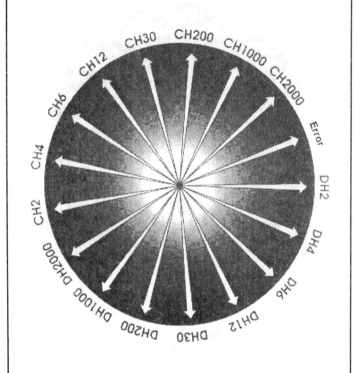

Esfera complementaria B
Homeopatía y Flores de Bach

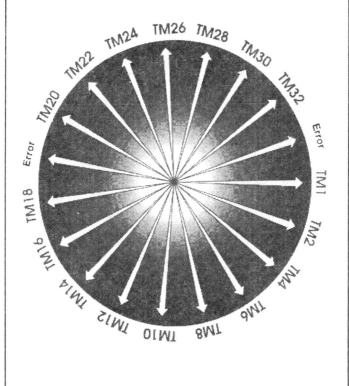

Esfera complementaria C
Homeopatía y Flores de Bach

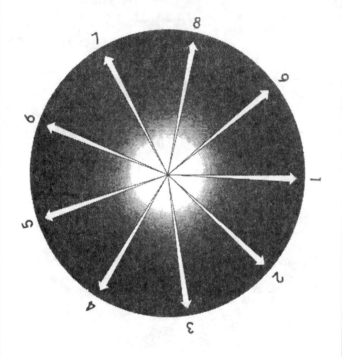

1. Masaje enérgico
2. Comprimidos
3. Grajeas
4. Error
5. Pomada
6. Fricción
7. Aspirar el olor de las gotas
8. Gotas
9. Error

Evolución espiritual
y autoconocimiento
Esfera de selección

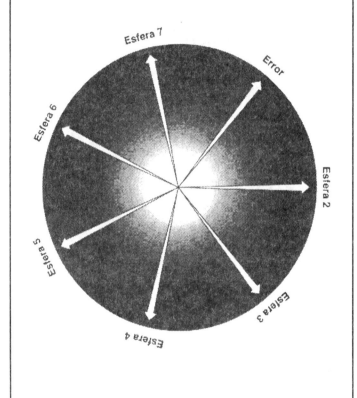

Los chakras principales
Evolución espiritual y autoconocimiento - 2ª esfera

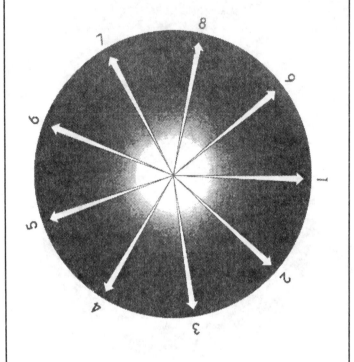

1. Chakra de raíz
2. Chakra sexual
3. Chakra del plexo solar
4. Chakra del corazón
5. Chakra de la garganta
6. Chakra frontal
7. Chakra de la corona
8. Chakras secundarios
9. Error

Los meridianos
Evolución espiritual y autoconocimiento

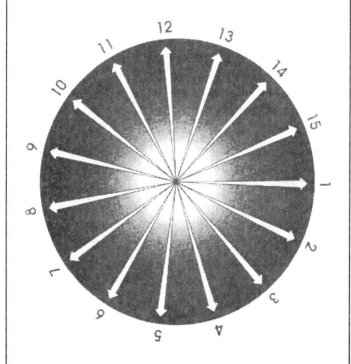

1. Hígado	8. Vesícula biliar
2. Corazón	9. Intestino delgado
3. Bazo/páncreas	10. Estómago
4. Pulmones	11. Intestino grueso
5. Riñones	12. Tres calentadores
6. Circulación sanguínea/sexo	13. Meridiano de concepción
7. Error	14. Meridiano de gobernador
	15. Error

El aura
Evolución espiritual y autoconocimiento

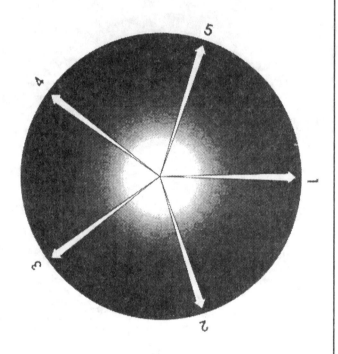

1. Cuerpo etérico
2. Cuerpo emocional
3. Cuerpo mental
4. Cuerpo espiritual
5. Error

Elegir un camino
Evolución espiritual y autoconocimiento

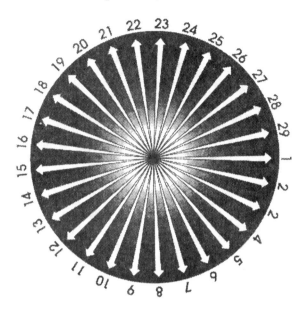

1. Reducir los prejuicios
2. Vivir el amor
3. Usar el poder con prudencia
4. Rezar
5. Aprender gratitud
6. Aceptar la alegría de vivir
7. Vivir en el Aquí y Ahora
8. Amar tu cuerpo
9. Amar tus sentimientos
10. Ver a Dios en el otro
11. Aprender a pensar
12. Aprender a sentir
13. Servir
14. Dirigir

15. Aceptar una tarea
16. Trabajar con inteligencia
17. Aceptar las relaciones con otro
18. Refrenarse
19. Perdonar
20. Limitar
21. Aceptar
22. Compartir
23. Ser como eres
24. Aceptar el maestro interior
25. Aceptar un maestro exterior
26. Contactar con el Niño interior
27. Contactar con el Yo superior
28. Retirarse del mundo
29. Error

Interpretación de los sueños
Evolución espiritual y autoconocimiento

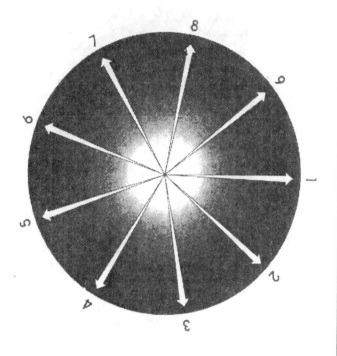

1. Eventos futuros
2. Sueños sin importancia
3. Eventos pasados
4. Tú eres tu sueño
5. Contacto mental
6. Preparación de experiencias futuras
7. Conocimiento
8. Asimilación de lo vivido
9. Error

Los oráculos y los indicadores
Evolución espiritual y autoconocimiento

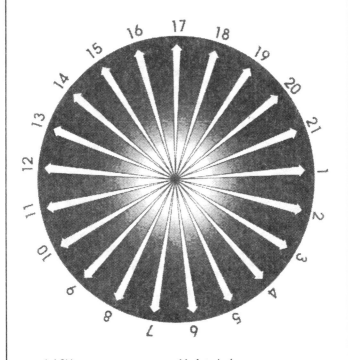

1. I Ching
2. Runas
3. Dados
4. Cartas de fuerza
5. Tarot
6. Numerología
7. Echar las cartas
8. Péndulo
9. Canalización
10. Videncia
11. Astrología
12. Trance de descubrimiento
13. Lectura en una bola de cristal
14. Lectura en un espejo
15. Quiromancia
16. Sueño despierto
17. Biorritmo
18. Confiar en la intuición
19. Interrogar a un maestro
20. Lenormand
21. Error

Relaciones y pareja
Esfera de selección

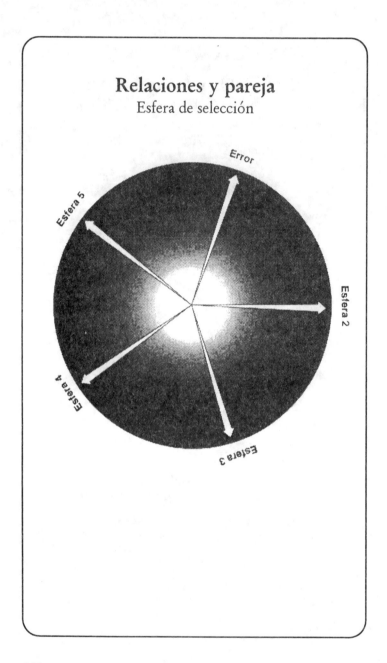

Simpatía/antipatía
Relaciones y pareja - 2ª esfera

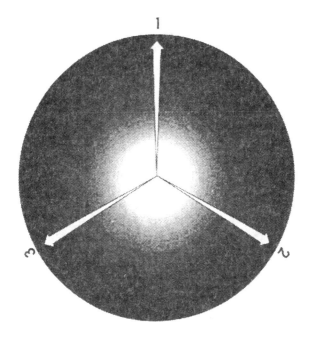

1. Antipatía
2. Neutralidad
3. Simpatía

La base de la relación
Relaciones y pareja - 3ª esfera

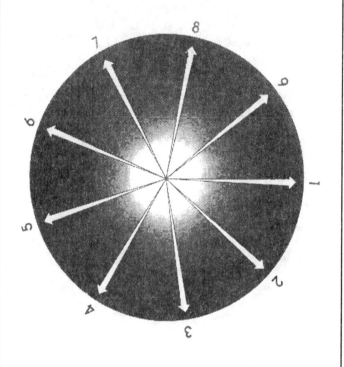

1. Trabajo
2. Amor
3. Seguridad
4. Superficialidad
5. Aprendizaje
6. Sexo
7. Respeto
8. Aventura
9. Error

Resolver los problemas
de la relación
Relaciones y pareja

1. Terapia de grupo
2. Terapia individual
3. Ocuparse de cosas en común
4. Reservar más tiempo al otro
5. Cortejar
6. Poner límites
7. Soltarse
8. Más sexo
9. Menos sexo
10. Sexo más variado
11. Más erotismo
12. Ser más autoconsciente
13. Aprender a pelearse con inteligencia
14. Separar
15. Vivir juntos
16. Partir juntos de vacaciones
17. Pasar unas vacaciones solo
18. Fidelidad
19. Respetar al otro
20. Aprender a amar
21. Error

Dinero, profesión y bienes
Esfera de selección

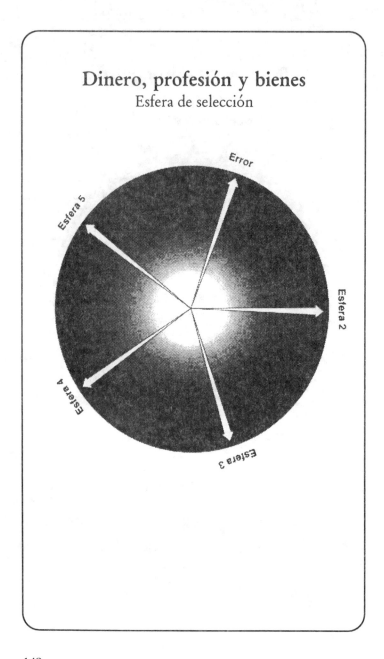

La profesión
Dinero, profesión y bienes - 2ª esfera

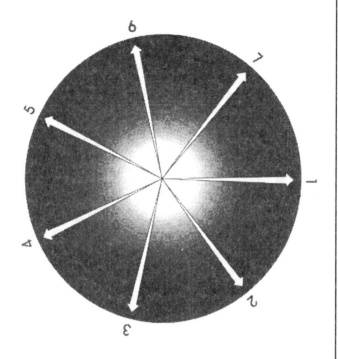

1. Cambiar de profesión
2. Cambiar de lugar de trabajo
3. Cambiar de actitud ante el trabajo
4. Formación continua
5. Aceptar el sentido del trabajo
6. Aceptar un trabajo suplementario
7. Error

Los bienes
Dinero, profesión y bienes - 3ª esfera

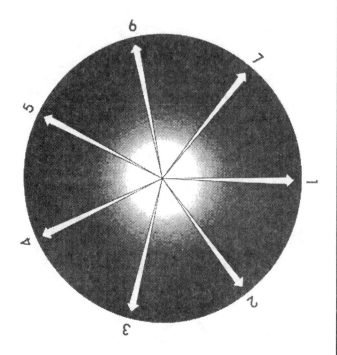

1. Comprender el sentido de tus bienes
2. Aceptar tus bienes
3. Apresurarse ante los bienes
4. Compartir tus bienes
5. Defender tus bienes
6. Ocuparse de tus bienes
7. Error

El dinero
Dinero, profesión y bienes - 4ª esfera

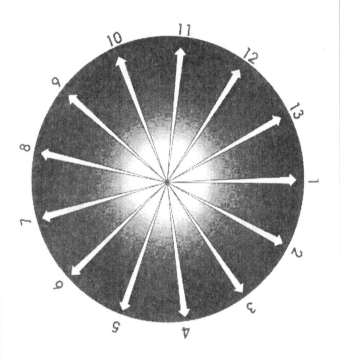

1. Comprender el sentido del dinero
2. Dejar circular el dinero
3. Usar el dinero con inteligencia
4. Usar el dinero para ti
5. Ofrecer dinero
6. Aprender a aceptar dinero
7. Recolectar dinero
8. Ganar dinero
9. Aceptar nuevos medios de ganar dinero
10. Comprender el sentido de la riqueza
11. Comprender el sentido de la pobreza
12. Gastar dinero
13. Error

Resolver problemas relacionados con el dinero

Dinero, profesión y bienes

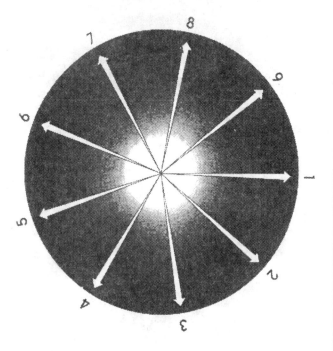

1. Aprender a aceptar dinero
2. Liberarse de cualquier forma de avaricia
3. Aceptar nuevos caminos
4. Aprender a vivir con poco dinero
5. Aprender a ganar dinero
6. Aprender a aceptar autorresponsabilidad
7. Aprender a compartir ciertas responsabilidades
8. Aprender a repartir el dinero
9. Error

Tus propias esferas

Tema . . . .

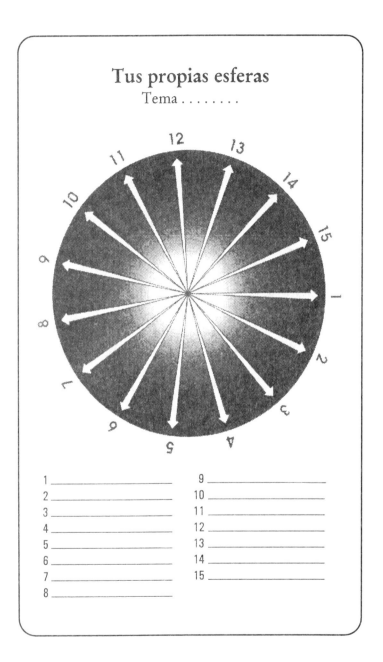

1 _____	9 _____
2 _____	10 _____
3 _____	11 _____
4 _____	12 _____
5 _____	13 _____
6 _____	14 _____
7 _____	15 _____
8 _____	

Tus propias esferas
Tema . . . .

1 _____	9 _____
2 _____	10 _____
3 _____	11 _____
4 _____	12 _____
5 _____	13 _____
6 _____	14 _____
7 _____	15 _____
8 _____	

154

Tus propias esferas
Tema . . . .

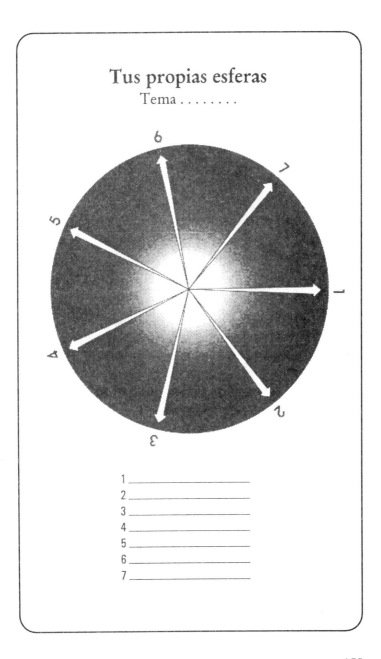

1 _____
2 _____
3 _____
4 _____
5 _____
6 _____
7 _____

Tus propias esferas

Tema . . . .

1 _____		16 _____	
2 _____		17 _____	
3 _____		18 _____	
4 _____		19 _____	
5 _____		20 _____	
6 _____		21 _____	
7 _____		22 _____	
8 _____		23 _____	
9 _____		24 _____	
10 _____		25 _____	
11 _____		26 _____	
12 _____		27 _____	
13 _____		28 _____	
14 _____		29 _____	
15 _____			

Tus propias esferas

Tema . . . .

1 _____
2 _____
3 _____
4 _____
5 _____
6 _____
7 _____

8 _____
9 _____
10 _____
11 _____
12 _____
13 _____

Índice